Genussvoll und leicht: 150 Rezepte für Menschen mit Schluckstörungen

Köstliche Gerichte für eine sanfte Ernährung – von Frühstück bis Festessen

Inhaltsverzeichnen

Vorwort

Liebe Leserinnen und Leser,

Essen ist ein grundlegender Bestandteil unseres Lebens, der weit über die bloße Nahrungsaufnahme hinausgeht. Es ist ein sozialer Akt, eine Quelle des Genusses und ein wichtiger Teil unserer kulturellen Identität. Für Menschen mit Schluckstörungen kann das Essen jedoch zu einer Herausforderung werden, die den Alltag erheblich beeinflusst. Diese Sammlung von 150 Rezepten wurde speziell entwickelt, um Ihnen und Ihren Lieben dabei zu helfen, trotz Schluckstörungen köstliche, nahrhafte und leicht zu verzehrende Mahlzeiten zu genießen.

Dieses Buch richtet sich an alle, die durch Schluckstörungen in ihrer Nahrungsaufnahme eingeschränkt sind, sei es aufgrund einer neurologischen Erkrankung, einer Operation, einer Verletzung oder einer anderen Ursache. Jedes Rezept wurde sorgfältig getestet, um sicherzustellen, dass es leicht zu kauen und zu schlucken ist, ohne dabei Kompromisse bei Geschmack oder Nährwert einzugehen.

Wir hoffen, dass diese Rezepte Ihnen nicht nur praktische Hilfe bieten, sondern auch Ihre Freude am Essen wiederbeleben. Mit den richtigen Anpassungen und ein wenig Kreativität kann jede Mahlzeit zu einem angenehmen und erfüllenden Erlebnis werden.

Herzlichst,

Ihr Rafia

Verständnis von Schluckstörungen

Schluckstörungen, auch Dysphagie genannt, können in verschiedenen Formen und Schweregraden auftreten und betreffen Menschen jeden Alters. Sie entstehen, wenn der Prozess des Schluckens gestört ist, was zu Schwierigkeiten beim sicheren und effizienten Transport von Nahrung und Flüssigkeiten vom Mund in den Magen führt.

Arten von Schluckstörungen**

1. **Orale Dysphagie:** Betrifft den ersten Teil des Schluckaktes, der im Mund stattfindet. Probleme in dieser Phase können durch Schwäche der Zungen- oder Mundmuskulatur, fehlende Zähne oder Schmerzen im Mund verursacht werden.

2. **Pharyngeale Dysphagie:** Hierbei handelt es sich um Probleme im Bereich des Rachens, oft bedingt durch neurologische Erkrankungen wie Schlaganfall, Parkinson oder Multiple Sklerose.

3. **Ösophageale Dysphagie:** Diese Form betrifft den unteren Teil des Schluckprozesses, bei dem die Nahrung durch die Speiseröhre in den Magen gelangt. Ursachen können strukturelle Veränderungen, Entzündungen oder Tumore sein.

Symptome

Zu den häufigsten Symptomen zählen:

- Husten oder Würgen während oder nach dem Essen

- Das Gefühl, dass Nahrung im Hals stecken bleibt

- Schmerzen beim Schlucken

- Ungeklärter Gewichtsverlust

- Wiederholte Lungenentzündungen aufgrund von Aspiration (Einatmen von Nahrung oder Flüssigkeiten in die Lunge)

Ernährungsbedürfnisse und -anpassungen

Menschen mit Schluckstörungen haben oft spezifische Ernährungsbedürfnisse, die berücksichtigt werden müssen, um sicherzustellen, dass sie ausreichend Nährstoffe zu sich nehmen und das Risiko von Komplikationen minimieren.

Wichtige Überlegungen

1. **Nährstoffdichte:** Da Menschen mit Dysphagie oft kleinere Mengen essen, ist es wichtig, dass die Nahrung reich an Nährstoffen ist, um Mangelernährung zu verhindern.

2. **Hydration:** Flüssigkeitszufuhr ist entscheidend, da Dehydration ein häufiges Problem bei Menschen mit Schluckstörungen ist. Angedickte Flüssigkeiten oder feuchtigkeitsspendende Lebensmittel können hilfreich sein.

3. **Kalorienzufuhr:** Kalorienreiche, aber leicht verdauliche Lebensmittel sind wichtig, um den Energiebedarf zu decken, insbesondere bei Patienten mit erhöhtem Energiebedarf aufgrund von Krankheiten oder Rekonvaleszenz.

Anpassung der Konsistenz

Die Anpassung der Konsistenz von Lebensmitteln und Getränken ist eine der wichtigsten Strategien zur Unterstützung von Menschen mit Dysphagie. Hierbei gibt es verschiedene Stufen:

1. **Flüssigkeiten:**

- **Dünn:** Normale Flüssigkeiten wie Wasser, die am schwierigsten zu kontrollieren sind.

- **Nektarartig:** Etwas dickflüssiger, leicht zu schlucken.

- **Honigartig:** Noch dickflüssiger, fließt langsamer.

- **Puddingartig:** Sehr dick, nicht fließend, löffelbar.

2. **Feste Nahrungsmittel:**

- **Püriert:** Glatte, homogene Konsistenz, ohne Klumpen.

- **Zerkleinert:** Fein gehackt oder zerkleinert, leicht zu kauen und zu schlucken.

- **Weich:** Weiche, leicht zu kauende Lebensmittel, die minimalen Kauaufwand erfordern.

Tipps für die Zubereitung und Konsistenzanpassung von Speisen

Die richtige Zubereitung von Mahlzeiten ist entscheidend, um sicherzustellen, dass sie für Menschen mit Schluckstörungen geeignet sind. Hier sind einige praktische Tipps, um Ihre Küche dysphagie-freundlich zu gestalten:

Grundlagen der Zubereitung**

1. **Verwendung von Mixer und Pürierstab:** Diese Geräte sind unverzichtbar, um Lebensmittel in die gewünschte Konsistenz zu bringen. Ein leistungsstarker Mixer kann selbst zähe Lebensmittel in eine glatte Masse verwandeln.

2. **Andickungsmittel:** Pulver- oder Flüssigandickungsmittel sind hilfreich, um die Konsistenz von Flüssigkeiten anzupassen. Sie sind in verschiedenen Stärken erhältlich und können zu Wasser, Saft, Suppe oder anderen Flüssigkeiten hinzugefügt werden.

3. **Gleichmäßigkeit:** Achten Sie darauf, dass die pürierten Lebensmittel gleichmäßig und ohne Klumpen sind, um ein sicheres Schlucken zu gewährleisten.

Kreative Anpassungen**

1. **Aromatische Zugaben:** Pürierte Speisen können durch Zugabe von Kräutern, Gewürzen und aromatischen Ölen geschmacklich aufgepeppt werden. Diese Zusatzstoffe verbessern den Geschmack und machen die Mahlzeiten ansprechender.

2. **Abwechslung in der Präsentation:** Verwenden Sie verschiedene Farben und Formen, um das Essen optisch ansprechend zu gestalten. Silikonformen können helfen, pürierte Lebensmittel in attraktive Formen zu bringen.

3. **Konsistenzkontrolle:** Testen Sie die Konsistenz der Lebensmittel vor dem Servieren. Eine glatte, homogene Textur ist entscheidend, um das Risiko des Verschluckens zu minimieren.

Rezeptanpassungen**

1. **Pürieren von Fleisch:** Fleisch kann schwierig zu pürieren sein. Verwenden Sie Brühe oder Soße, um eine glatte Textur zu erzielen. Langsam gekochtes Fleisch ist oft einfacher zu verarbeiten.

2. **Gemüse:** Gemüse sollte weich gekocht und dann püriert werden. Verwenden Sie zusätzliche Flüssigkeit, um die richtige Konsistenz zu erreichen.

3. **Getränke andicken:** Zum Andicken von Getränken eignen sich spezielle Verdickungsmittel, die in Apotheken oder spezialisierten Geschäften erhältlich sind.

Häufige Fehler vermeiden

1. **Klumpenbildung:** Achten Sie darauf, dass keine Klumpen in den pürierten Lebensmitteln verbleiben. Klumpen können das Schlucken erschweren und gefährlich sein.

2. **Geschmack und Aroma:** Manchmal verlieren pürierte Lebensmittel an Geschmack. Durch die Zugabe von Brühe, Kräutern oder Gewürzen kann dies vermieden werden.

3. **Übermäßige Flüssigkeit:** Vermeiden Sie es, zu viel Flüssigkeit hinzuzufügen, da dies die Konsistenz zu dünn machen kann.

Fazit

Die Ernährung von Menschen mit Schluckstörungen erfordert besondere Sorgfalt und Kreativität. Mit den richtigen Techniken und Anpassungen können jedoch auch sie die Freude am Essen genießen. Dieses Buch bietet eine Vielzahl von Rezepten, die sowohl nahrhaft als auch lecker sind und speziell darauf abgestimmt wurden, die Bedürfnisse von Menschen mit Dysphagie zu erfüllen. Wir hoffen, dass diese Rezepte Ihnen helfen, das Essen wieder zu einer angenehmen und erfüllenden Erfahrung zu machen.

Viel Freude beim Kochen und Genießen,

Frühstücksideen

Cremiger Haferbrei mit Banane und Honig

Portionen: 2

Zutaten:

- 1 Tasse Haferflocken
- 2 Tassen Milch (oder pflanzliche Alternative)
- 1 reife Banane
- 2 EL Honig
- 1 Prise Salz
- 1 TL Zimt (optional)

Zubereitung:

1. Die Haferflocken und Milch in einen Topf geben und bei mittlerer Hitze zum Kochen bringen.

2. Unter ständigem Rühren etwa 5-7 Minuten köcheln lassen, bis der Haferbrei eine cremige Konsistenz erreicht.

3. Die Banane in kleine Stücke schneiden und zusammen mit dem Honig und einer Prise Salz zum Haferbrei geben. Alles gut verrühren.

4. Nach Belieben mit Zimt bestreuen und sofort servieren.

****Nährwerte pro Portion:**- Kalorien: 280- Fett: 5g- Kohlenhydrate: 54g- Eiweiß: 8g- Ballaststoffe: 5g**

Weiche Rühreier mit Kräutern

Portionen: 2

Zutaten:

- 4 Eier
- 4 EL Milch oder Sahne
- 2 EL Butter
- 1 EL gehackte frische Kräuter (z.B. Petersilie, Schnittlauch)
- Salz und Pfeffer nach Geschmack

Zubereitung:

1. Die Eier in eine Schüssel schlagen und mit Milch oder Sahne verquirlen.
2. Butter in einer Pfanne bei mittlerer Hitze schmelzen.
3. Die Eiermischung in die Pfanne geben und unter ständigem Rühren langsam stocken lassen.
4. Sobald die Eier weich und cremig sind, die gehackten Kräuter hinzufügen und mit Salz und Pfeffer abschmecken.
5. Sofort servieren.

Nährwerte pro Portion:- Kalorien: 220- Fett: 18g- Kohlenhydrate: 2g- Eiweiß: 13g- Ballaststoffe: 0g

Pürierter Obstsalat mit Joghurt

Portionen: 2

Zutaten:

- 1 Apfel
- 1 Banane
- 1 Orange
- 1 Tasse Beeren (z.B. Erdbeeren, Blaubeeren)
- 1 Tasse Joghurt (natur oder griechisch)
- 1 EL Honig
- 1 TL Zitronensaft

Zubereitung:

1. Das Obst waschen, schälen und in kleine Stücke schneiden.
2. Das geschnittene Obst zusammen mit dem Joghurt, Honig und Zitronensaft in einen Mixer geben.
3. Alles zu einer glatten, homogenen Masse pürieren.
4. Sofort servieren oder gekühlt aufbewahren.

Nährwerte pro Portion:- Kalorien: 180- Fett: 2g- Kohlenhydrate: 38g- Eiweiß: 6g- Ballaststoffe: 5g

Avocado-Smoothie

Portionen: 2

Zutaten:

- 1 reife Avocado
- 1 reife Banane
- 1 Tasse Milch (oder pflanzliche Alternative)
- 1 EL Honig
- 1 TL Vanilleextrakt (optional)
- Eiswürfel (nach Belieben)

Zubereitung:

1. Die Avocado halbieren, entkernen und das Fruchtfleisch auslöffeln.
2. Die Banane schälen und in Stücke brechen.
3. Avocado, Banane, Milch, Honig und Vanilleextrakt in einen Mixer geben.
4. Nach Belieben Eiswürfel hinzufügen und alles zu einer glatten Konsistenz mixen.
5. Sofort servieren.

Nährwerte pro Portion:- Kalorien: 220- Fett: 11g - Kohlenhydrate: 30g- Eiweiß: 4g - Ballaststoffe: 5g

Fluffige Pfannkuchen mit Apfelmus

Portionen: 4

Zutaten

- 1 Tasse Mehl

- 1 EL Zucker

- 1 TL Backpulver

- 1/2 TL Natron

- 1/2 TL Salz

- 1 Ei

- 1 Tasse Buttermilch

- 2 EL geschmolzene Butter

- 1 Tasse Apfelmus

Zubereitung:

1. Mehl, Zucker, Backpulver, Natron und Salz in einer Schüssel vermischen.

2. In einer anderen Schüssel das Ei, Buttermilch und geschmolzene Butter verquirlen.

3. Die feuchten Zutaten zu den trockenen Zutaten geben und nur so lange rühren, bis alles gerade so vermischt ist.

4. Eine Pfanne bei mittlerer Hitze erhitzen und leicht einfetten.

5. Den Teig in die Pfanne geben und Pfannkuchen auf beiden Seiten goldbraun backen.

6. Mit Apfelmus servieren.

Nährwerte pro Portion:- Kalorien: 210- Fett: 7g- Kohlenhydrate: 32g- Eiweiß: 5g- Ballaststoffe: 2g

Weiches Müsli mit Milch

Portionen:** 2

Zutaten:

- 1 Tasse Haferflocken
- 1 Tasse Milch (oder pflanzliche Alternative)
- 1/2 Tasse Wasser
- 1 EL Honig oder Ahornsirup
- 1/4 Tasse weiche Früchte (z.B. Bananen, Beeren)
- 1 Prise Zimt (optional)

Zubereitung:

1. Haferflocken, Milch und Wasser in einen Topf geben.
2. Unter ständigem Rühren bei mittlerer Hitze etwa 5-7 Minuten köcheln lassen, bis die Haferflocken weich und cremig sind.
3. Den Topf vom Herd nehmen und den Honig oder Ahornsirup einrühren.
4. Mit weichen Früchten und nach Wunsch mit einer Prise Zimt servieren.

****Nährwerte pro Portion:****- Kalorien: 220- Fett: 4g

- Kohlenhydrate: 40g- Eiweiß: 6g- Ballaststoffe: 4g

Warmer Milchreis

Portionen: 2

Zutaten:

- 1/2 Tasse Rundkornreis
- 2 Tassen Milch (oder pflanzliche Alternative)
- 1 EL Zucker
- 1 TL Vanilleextrakt
- 1 Prise Salz
- 1 TL Zimt (optional)

Zubereitung:

1. Reis, Milch, Zucker, Vanilleextrakt und eine Prise Salz in einen Topf geben.
2. Bei mittlerer Hitze zum Kochen bringen, dann die Hitze reduzieren und unter gelegentlichem Rühren etwa 25-30 Minuten köcheln lassen, bis der Reis weich und die Mischung cremig ist.
3. Nach Belieben mit Zimt bestreuen und warm servieren.

Nährwerte pro Portion:

- Kalorien: 230
- Fett: 5g
- Kohlenhydrate: 42g
- Eiweiß: 6g
- Ballaststoffe: 1g

Seidiger Mango-Smoothie

Portionen: 2

Zutaten:

- 1 reife Mango
- 1 Banane
- 1 Tasse Joghurt (natur oder griechisch)
- 1/2 Tasse Orangensaft
- 1 EL Honig (optional)

Zubereitung:

1. Die Mango schälen und das Fruchtfleisch vom Kern schneiden.
2. Die Banane schälen und in Stücke brechen.
3. Mango, Banane, Joghurt und Orangensaft in einen Mixer geben.
4. Alles zu einer glatten Konsistenz mixen, nach Belieben Honig hinzufügen.
5. Sofort servieren.

Nährwerte pro Portion:

- Kalorien: 180
- Fett: 2g
- Kohlenhydrate: 40g
- Eiweiß: 5g
- Ballaststoffe: 3g

Leichte Quarkcreme mit Beeren

Portionen:** 2

Zutaten:**

- 1 Tasse Magerquark
- 1/2 Tasse Naturjoghurt
- 1 EL Honig
- 1 TL Vanilleextrakt
- 1 Tasse gemischte Beeren (z.B. Erdbeeren, Himbeeren, Blaubeeren)

Zubereitung:

1. Magerquark, Joghurt, Honig und Vanilleextrakt in einer Schüssel gut verrühren, bis eine glatte Creme entsteht.
2. Die Beeren waschen und vorsichtig unter die Quarkcreme heben.
3. Sofort servieren oder im Kühlschrank kaltstellen.

Nährwerte pro Portion:

- Kalorien: 150
- Fett: 2g
- Kohlenhydrate: 20g
- Eiweiß: 12g
- Ballaststoffe: 3g

Sanfter Grießbrei mit Zimt

Portionen: 2

Zutaten:**

- 1/2 Tasse Weichweizengrieß

- 2 Tassen Milch (oder pflanzliche Alternative)

- 1 EL Zucker

- 1 TL Vanilleextrakt

- 1 TL Zimt

Zubereitung:

1. Die Milch in einem Topf zum Kochen bringen.

2. Den Grieß unter ständigem Rühren langsam in die Milch einrieseln lassen.

3. Zucker und Vanilleextrakt hinzufügen und weiter rühren, bis der Grießbrei eindickt (etwa 5-7 Minuten).

4. Den Topf vom Herd nehmen und den Zimt einrühren.

5. Warm servieren.

Nährwerte pro Portion:

- Kalorien: 200

- Fett: 4g

- Kohlenhydrate: 35g

- Eiweiß: 7g

- Ballaststoffe: 1g

Suppen und Eintöpfe

Cremige Kartoffelsuppe

Portionen:** 4

Zutaten:**

- 4 mittelgroße Kartoffeln

- 1 Zwiebel

- 2 Knoblauchzehen

- 4 Tassen Gemüsebrühe

- 1 Tasse Sahne (oder pflanzliche Alternative)

- 2 EL Butter

- Salz und Pfeffer nach Geschmack

- Frische Kräuter (z.B. Schnittlauch oder Petersilie) zum Garnieren

****Zubereitung:****

1. Die Kartoffeln schälen und in kleine Würfel schneiden.

2. Die Zwiebel und den Knoblauch schälen und fein hacken.

3. In einem großen Topf die Butter bei mittlerer Hitze schmelzen und die Zwiebeln und den Knoblauch darin anbraten, bis sie weich sind.

4. Die Kartoffeln hinzufügen und kurz mitbraten.

5. Die Gemüsebrühe hinzufügen und alles zum Kochen bringen. Die Hitze reduzieren und etwa 15-20 Minuten köcheln lassen, bis die Kartoffeln weich sind.

6. Die Suppe vom Herd nehmen und mit einem Pürierstab oder Mixer glatt pürieren.

7. Die Sahne hinzufügen und mit Salz und Pfeffer abschmecken.

8. Vor dem Servieren mit frischen Kräutern garnieren.

****Nährwerte pro Portion:****- Kalorien: 250- Fett: 12g- Kohlenhydrate: 30g- Eiweiß: 4g- Ballaststoffe: 3g

Pürierte Karottensuppe mit Ingwer

Portionen: 4

Zutaten:**

- 6 große Karotten
- 1 Zwiebel
- 2 Knoblauchzehen
- 1 EL frischer Ingwer, gerieben
- 4 Tassen Gemüsebrühe
- 1 Tasse Kokosmilch
- 2 EL Olivenöl
- Salz und Pfeffer nach Geschmack
- Frischer Koriander zum Garnieren

Zubereitung:**

1. Die Karotten schälen und in Scheiben schneiden.

2. Die Zwiebel und den Knoblauch schälen und hacken.

3. Das Olivenöl in einem großen Topf erhitzen und die Zwiebel und den Knoblauch darin anbraten, bis sie weich sind.

4. Den Ingwer hinzufügen und kurz mitbraten.

5. Die Karotten und die Gemüsebrühe hinzufügen und alles zum Kochen bringen. Die Hitze reduzieren und etwa 20 Minuten köcheln lassen, bis die Karotten weich sind.

6. Die Suppe vom Herd nehmen und mit einem Pürierstab oder Mixer glatt pürieren.

7. Die Kokosmilch einrühren und mit Salz und Pfeffer abschmecken.

8. Vor dem Servieren mit frischem Koriander garnieren.

****Nährwerte pro Portion:****- Kalorien: 180- Fett: 10g- Kohlenhydrate: 22g- Eiweiß: 2g- Ballaststoffe: 5g

Sanfte Hühnersuppe

Portionen: 4

Zutaten:

- 2 Hähnchenbrustfilets

- 1 Zwiebel

- 2 Karotten

- 2 Selleriestangen

- 2 Knoblauchzehen

- 6 Tassen Hühnerbrühe

- 1 Lorbeerblatt

- Salz und Pfeffer nach Geschmack

- Frische Petersilie zum Garnieren

Zubereitung:

1. Die Hähnchenbrustfilets in einem großen Topf mit der Hühnerbrühe bei mittlerer Hitze zum Kochen bringen. Die Hitze reduzieren und etwa 15-20 Minuten köcheln lassen, bis das Hähnchen durchgegart ist.

2. Das Hähnchen aus der Brühe nehmen und beiseite stellen.

3. Die Zwiebel, Karotten und Selleriestangen schälen und klein schneiden. Den Knoblauch hacken.

4. Die Gemüse in die Brühe geben und das Lorbeerblatt hinzufügen. Alles etwa 15 Minuten köcheln lassen, bis das Gemüse weich ist.

5. Die Suppe vom Herd nehmen, das Lorbeerblatt entfernen und das Gemüse mit einem Pürierstab oder Mixer glatt pürieren.

6. Das Hähnchen in kleine Stücke schneiden und zurück in die Suppe geben.

7. Mit Salz und Pfeffer abschmecken und vor dem Servieren mit frischer Petersilie garnieren.

Nährwerte pro Portion:- Kalorien: 150- Fett: 3g- Kohlenhydrate: 12g- Eiweiß: 20g- Ballaststoffe: 2g

Gemüsepüree-Eintopf

Portionen: 4

Zutaten:

- 2 Kartoffeln
- 2 Karotten
- 1 Zucchini
- 1 Zwiebel
- 2 Knoblauchzehen
- 4 Tassen Gemüsebrühe
- 1 Tasse Erbsen
- 1 Tasse Brokkoliröschen
- 2 EL Olivenöl
- Salz und Pfeffer nach Geschmack
- Frische Kräuter (z.B. Basilikum oder Petersilie) zum Garnieren

Zubereitung:

1. Die Kartoffeln und Karotten schälen und in kleine Würfel schneiden. Die Zucchini in Scheiben schneiden.

2. Die Zwiebel und den Knoblauch schälen und hacken.

3. Das Olivenöl in einem großen Topf erhitzen und die Zwiebel und den Knoblauch darin anbraten, bis sie weich sind.

4. Die Kartoffeln, Karotten und Zucchini hinzufügen und kurz mitbraten.

5. Die Gemüsebrühe hinzufügen und alles zum Kochen bringen. Die Hitze reduzieren und etwa 20 Minuten köcheln lassen, bis das Gemüse weich ist.

6. Die Erbsen und Brokkoliröschen hinzufügen und weitere 5 Minuten köcheln lassen.

7. Die Suppe vom Herd nehmen und mit einem Pürierstab oder Mixer glatt pürieren.

8. Mit Salz und Pfeffer abschmecken und vor dem Servieren mit frischen Kräutern garnieren.

Nährwerte pro Portion:

- Kalorien: 170

- Fett: 5g

- Kohlenhydrate: 28g

- Eiweiß: 5g

- Ballaststoffe: 6g

Cremige Tomatensuppe

Portionen: 4

Zutaten:

- 6 reife Tomaten
- 1 Zwiebel
- 2 Knoblauchzehen
- 2 Tassen Gemüsebrühe
- 1 Tasse Sahne (oder pflanzliche Alternative)
- 2 EL Olivenöl
- Salz und Pfeffer nach Geschmack
- Frisches Basilikum zum Garnieren

Zubereitung:

1. Die Tomaten kreuzweise einschneiden und in kochendem Wasser kurz blanchieren. Die Haut abziehen und die Tomaten grob hacken.

2. Die Zwiebel und den Knoblauch schälen und hacken.

3. Das Olivenöl in einem großen Topf erhitzen und die Zwiebel und den Knoblauch darin anbraten, bis sie weich sind.

4. Die Tomaten hinzufügen und etwa 5 Minuten köcheln lassen.

5. Die Gemüsebrühe hinzufügen und alles zum Kochen bringen. Die Hitze reduzieren und etwa 15 Minuten köcheln lassen.

6. Die Suppe vom Herd nehmen und mit einem Pürierstab oder Mixer glatt pürieren.

7. Die Sahne einrühren und mit Salz und Pfeffer abschmecken.

8. Vor dem Servieren mit frischem Basilikum garnieren.

Nährwerte pro Portion:- Kalorien: 200- Fett: 12g- Kohlenhydrate: 20g- Eiweiß: 4g- Ballaststoffe: 4g

Zucchini-Creme-Suppe

Portionen:** 4

Zutaten:**

- 4 mittelgroße Zucchini

- 1 Zwiebel

- 2 Knoblauchzehen

- 4 Tassen Gemüsebrühe

- 1 Tasse Sahne (oder pflanzliche Alternative)

- 2 EL Olivenöl

- Salz und Pfeffer nach Geschmack

- Frischer Dill oder Petersilie zum Garnieren

Zubereitung:**

1. Die Zucchini waschen und in Scheiben schneiden.

2. Die Zwiebel und den Knoblauch schälen und fein hacken.

3. Das Olivenöl in einem großen Topf erhitzen und die Zwiebel und den Knoblauch darin anbraten, bis sie weich sind.

4. Die Zucchini hinzufügen und etwa 5 Minuten mitbraten.

5. Die Gemüsebrühe hinzufügen und alles zum Kochen bringen. Die Hitze reduzieren und etwa 15-20 Minuten köcheln lassen, bis die Zucchini weich ist.

6. Die Suppe vom Herd nehmen und mit einem Pürierstab oder Mixer glatt pürieren.

7. Die Sahne einrühren und mit Salz und Pfeffer abschmecken.

8. Vor dem Servieren mit frischem Dill oder Petersilie garnieren.

Nährwerte pro Portion:**- Kalorien: 180- Fett: 12g- Kohlenhydrate: 15g- Eiweiß: 4g- Ballaststoffe: 3g

Pürierter Linseneintopf

Portionen: 4

Zutaten:**

- 1 Tasse rote Linsen
- 1 Zwiebel
- 2 Karotten
- 2 Selleriestangen
- 2 Knoblauchzehen
- 4 Tassen Gemüsebrühe
- 1 EL Tomatenmark
- 2 EL Olivenöl
- 1 TL Kreuzkümmel
- Salz und Pfeffer nach Geschmack
- Frischer Koriander zum Garnieren

Zubereitung:**

1. Die Linsen in einem Sieb abspülen und abtropfen lassen.

2. Die Zwiebel, Karotten und Selleriestangen schälen und klein schneiden. Den Knoblauch hacken.

3. Das Olivenöl in einem großen Topf erhitzen und die Zwiebel, Karotten, Sellerie und Knoblauch darin anbraten, bis sie weich sind.

4. Das Tomatenmark und den Kreuzkümmel hinzufügen und kurz mitbraten.

5. Die Linsen und die Gemüsebrühe hinzufügen und alles zum Kochen bringen. Die Hitze reduzieren und etwa 20-25 Minuten köcheln lassen, bis die Linsen weich sind.

6. Die Suppe vom Herd nehmen und mit einem Pürierstab oder Mixer glatt pürieren.

7. Mit Salz und Pfeffer abschmecken und vor dem Servieren mit frischem Koriander garnieren.

Nährwerte pro Portion:**- Kalorien: 220- Fett: 8g- Kohlenhydrate: 28g- Eiweiß: 10g- Ballaststoffe: 8g

Kürbiscremesuppe

Portionen:** 4

Zutaten:**

- 1 kleiner Hokkaido-Kürbis
- 1 Zwiebel
- 2 Knoblauchzehen
- 4 Tassen Gemüsebrühe
- 1 Tasse Kokosmilch
- 2 EL Olivenöl
- Salz und Pfeffer nach Geschmack
- 1 TL gemahlener Ingwer (optional)
- Frischer Koriander zum Garnieren

Zubereitung:

1. Den Kürbis waschen, halbieren, die Kerne entfernen und das Fruchtfleisch in Würfel schneiden.

2. Die Zwiebel und den Knoblauch schälen und hacken.

3. Das Olivenöl in einem großen Topf erhitzen und die Zwiebel und den Knoblauch darin anbraten, bis sie weich sind.

4. Den Kürbis und den gemahlenen Ingwer hinzufügen und kurz mitbraten.

5. Die Gemüsebrühe hinzufügen und alles zum Kochen bringen. Die Hitze reduzieren und etwa 20-25 Minuten köcheln lassen, bis der Kürbis weich ist.

6. Die Suppe vom Herd nehmen und mit einem Pürierstab oder Mixer glatt pürieren.

7. Die Kokosmilch einrühren und mit Salz und Pfeffer abschmecken.

8. Vor dem Servieren mit frischem Koriander garnieren.

Nährwerte pro Portion:

- Kalorien: 200

- Fett: 12g

- Kohlenhydrate: 22g

- Eiweiß: 3g

- Ballaststoffe: 4g

Leichte Erbsensuppe

Portionen: 4

Zutaten:**

- 4 Tassen gefrorene Erbsen
- 1 Zwiebel
- 2 Knoblauchzehen
- 4 Tassen Gemüsebrühe
- 1 Tasse Milch (oder pflanzliche Alternative)
- 2 EL Olivenöl
- Salz und Pfeffer nach Geschmack
- Frische Minze zum Garnieren

Zubereitung:

1. Die Zwiebel und den Knoblauch schälen und fein hacken.

2. Das Olivenöl in einem großen Topf erhitzen und die Zwiebel und den Knoblauch darin anbraten, bis sie weich sind.

3. Die gefrorenen Erbsen hinzufügen und kurz mitbraten.

4. Die Gemüsebrühe hinzufügen und alles zum Kochen bringen. Die Hitze reduzieren und etwa 10 Minuten köcheln lassen, bis die Erbsen weich sind.

5. Die Suppe vom Herd nehmen und mit einem Pürierstab oder Mixer glatt pürieren.

6. Die Milch einrühren und mit Salz und Pfeffer abschmecken.

7. Vor dem Servieren mit frischer Minze garnieren.

Nährwerte pro Portion:**- Kalorien: 160- Fett: 7g- Kohlenhydrate: 20g- Eiweiß: 6g- Ballaststoffe: 5g

Blumenkohlcremesuppe

Portionen:** 4

Zutaten:**

- 1 großer Blumenkohl
- 1 Zwiebel
- 2 Knoblauchzehen
- 4 Tassen Gemüsebrühe
- 1 Tasse Sahne (oder pflanzliche Alternative)
- 2 EL Butter
- Salz und Pfeffer nach Geschmack
- Muskatnuss (optional)
- Frische Petersilie zum Garnieren

Zubereitung:

1. Den Blumenkohl in Röschen teilen und waschen.

2. Die Zwiebel und den Knoblauch schälen und fein hacken.

3. Die Butter in einem großen Topf erhitzen und die Zwiebel und den Knoblauch darin anbraten, bis sie weich sind.

4. Den Blumenkohl hinzufügen und kurz mitbraten.

5. Die Gemüsebrühe hinzufügen und alles zum Kochen bringen. Die Hitze reduzieren und etwa 20 Minuten köcheln lassen, bis der Blumenkohl weich ist.

6. Die Suppe vom Herd nehmen und mit einem Pürierstab oder Mixer glatt pürieren.

7. Die Sahne einrühren und mit Salz, Pfeffer und Muskatnuss abschmecken.

8. Vor dem Servieren mit frischer Petersilie garnieren.

Nährwerte pro Portion:**

- Kalorien: 190

- Fett: 12g

- Kohlenhydrate: 14g

- Eiweiß: 4g

- Ballaststoffe: 3g

Hauptgerichte

Zartes Hühnerfrikassee

Portionen:** 4

Zutaten:**

- 500 g Hähnchenbrustfilets
- 2 Karotten
- 1 Stange Lauch
- 1 Zwiebel
- 2 Knoblauchzehen
- 500 ml Hühnerbrühe
- 200 ml Sahne
- 2 EL Butter
- 2 EL Mehl
- 1 TL Zitronensaft
- Salz und Pfeffer nach Geschmack
- Frische Petersilie zum Garnieren

Zubereitung:**

1. Die Hähnchenbrustfilets in kleine Stücke schneiden.

2. Die Karotten schälen und in Scheiben schneiden, den Lauch waschen und in Ringe schneiden.

3. Die Zwiebel und den Knoblauch schälen und fein hacken.

4. Die Butter in einem großen Topf erhitzen und die Zwiebel und den Knoblauch darin anbraten, bis sie weich sind.

5. Das Hähnchenfleisch hinzufügen und anbraten, bis es leicht gebräunt ist.

6. Die Karotten und den Lauch hinzufügen und kurz mitbraten.

7. Das Mehl über das Gemüse und das Fleisch streuen und gut umrühren.

8. Die Hühnerbrühe langsam hinzufügen und unter Rühren aufkochen lassen, bis die Sauce eindickt.

9. Die Sahne und den Zitronensaft hinzufügen, mit Salz und Pfeffer abschmecken.

10. Das Frikassee bei geringer Hitze etwa 15 Minuten köcheln lassen, bis das Hähnchen zart ist.

11. Vor dem Servieren mit frischer Petersilie garnieren.

Nährwerte pro Portion:

- Kalorien: 350

- Fett: 20g

- Kohlenhydrate: 15g

- Eiweiß: 28g

- Ballaststoffe: 3g

Geschmortes Rindfleisch mit Kartoffelpüree

Portionen:** 4

Zutaten:**

- 600 g Rinderschmorbraten
- 1 Zwiebel
- 2 Karotten
- 2 Knoblauchzehen
- 500 ml Rinderbrühe
- 200 ml roter Traubensaft (optional)
- 2 EL Tomatenmark
- 2 EL Olivenöl
- 1 TL Thymian
- Salz und Pfeffer nach Geschmack

Für das Kartoffelpüree:**

- 800 g Kartoffeln
- 100 ml Milch (oder pflanzliche Alternative)
- 50 g Butter
- Salz und Pfeffer nach Geschmack

Zubereitung:

1. Das Rindfleisch in große Würfel schneiden.

2. Die Zwiebel, Karotten und Knoblauch schälen und hacken.

3. Das Olivenöl in einem großen Topf erhitzen und das Rindfleisch darin rundherum anbraten.

4. Die Zwiebel, Karotten und den Knoblauch hinzufügen und mitbraten.

5. Das Tomatenmark einrühren und kurz mitbraten.

6. Die Rinderbrühe und den Saft (falls verwendet) hinzufügen. Thymian, Salz und Pfeffer hinzufügen.

7. Alles zugedeckt bei geringer Hitze etwa 2 Stunden schmoren lassen, bis das Fleisch zart ist.

8. In der Zwischenzeit die Kartoffeln schälen, in Stücke schneiden und in Salzwasser weich kochen.

9. Die Kartoffeln abgießen und mit Milch und Butter zu einem glatten Püree zerstampfen. Mit Salz und Pfeffer abschmecken.

10. Das geschmorte Rindfleisch mit dem Kartoffelpüree servieren.

Nährwerte pro Portion:**

- Kalorien: 450

- Fett: 22g

- Kohlenhydrate: 35g

- Eiweiß: 28g

- Ballaststoffe: 5g

Weicher Lachs mit Zitronensauce

Portionen:** 4

Zutaten:**

- 4 Lachsfilets (je etwa 150 g)

- 1 Zitrone

- 200 ml Sahne (oder pflanzliche Alternative)

- 2 EL Butter

- 1 EL Mehl

- 1 EL Kapern (optional)

- Salz und Pfeffer nach Geschmack

- Frische Dillzweige zum Garnieren

Zubereitung:

1. Die Lachsfilets mit Salz und Pfeffer würzen.

2. Die Butter in einer Pfanne erhitzen und den Lachs bei mittlerer Hitze etwa 4-5 Minuten pro Seite braten, bis er gar, aber noch saftig ist.

3. Den Lachs aus der Pfanne nehmen und warm halten.

4. Die Zitrone auspressen und den Zitronensaft auffangen.

5. In der gleichen Pfanne das Mehl hinzufügen und unter Rühren etwa 1 Minute anrösten.

6. Die Sahne und den Zitronensaft langsam einrühren und aufkochen lassen, bis die Sauce eindickt.

7. Die Kapern hinzufügen (falls verwendet) und mit Salz und Pfeffer abschmecken.

8. Den Lachs zurück in die Pfanne geben und kurz in der Sauce erwärmen.

9. Mit frischem Dill garnieren und sofort servieren.

Nährwerte pro Portion:- Kalorien: 350- Fett: 25g- Kohlenhydrate: 5g- Eiweiß: 25g- Ballaststoffe: 0g

Pürierte Spinat-Lasagne

Portionen: 4

Zutaten:**

- 300 g frischer Spinat

- 1 Zwiebel

- 2 Knoblauchzehen

- 250 g Ricotta-Käse

- 1 Ei

- 200 g Lasagneblätter (vorgekocht oder frische)

- 500 ml Bechamelsauce

- 2 Tassen geriebener Mozzarella

- 2 EL Olivenöl

- Salz und Pfeffer nach Geschmack

- 1 TL Muskatnuss

Zubereitung:

1. Den Spinat waschen und in einem großen Topf mit kochendem Wasser kurz blanchieren. Abgießen, gut abtropfen lassen und fein hacken.

2. Die Zwiebel und den Knoblauch schälen und hacken.

3. Das Olivenöl in einer Pfanne erhitzen und die Zwiebel und den Knoblauch darin anbraten, bis sie weich sind.

4. Den gehackten Spinat hinzufügen und kurz mitbraten. Mit Salz, Pfeffer und Muskatnuss abschmecken. Vom Herd nehmen und abkühlen lassen.

5. In einer Schüssel den Ricotta-Käse mit dem Ei verrühren und den abgekühlten Spinat unterheben.

6. Eine Auflaufform leicht einfetten und den Boden mit etwas Bechamelsauce bedecken.

7. Eine Schicht Lasagneblätter darauflegen, dann eine Schicht Spinat-Ricotta-Mischung und eine Schicht Bechamelsauce. Wiederholen, bis alle Zutaten aufgebraucht sind, und mit einer Schicht Bechamelsauce abschließen.

8. Den geriebenen Mozzarella gleichmäßig darüber streuen.

9. Im vorgeheizten Ofen bei 180°C etwa 30 Minuten backen, bis die Lasagne goldbraun und sprudelnd ist.

10. Vor dem Servieren kurz abkühlen lassen und dann portionsweise pürieren, bis eine glatte Konsistenz erreicht ist.

Nährwerte pro Portion:

- Kalorien: 400

- Fett: 25g

- Kohlenhydrate: 30g

- Eiweiß: 15g

- Ballaststoffe: 4g

Hühnercurry mit Kokosmilch

Portionen: 4

Zutaten:

- 500 g Hähnchenbrustfilets
- 1 Zwiebel
- 2 Knoblauchzehen
- 1 Stück Ingwer (ca. 2 cm)
- 1 rote Paprika
- 1 EL Currypulver
- 1 TL Kurkuma
- 400 ml Kokosmilch
- 1 Tasse Hühnerbrühe
- 2 EL Olivenöl
- Salz und Pfeffer nach Geschmack
- Frischer Koriander zum Garnieren

Zubereitung:

1. Die Hähnchenbrustfilets in mundgerechte Stücke schneiden.

2. Die Zwiebel, Knoblauch und Ingwer schälen und fein hacken. Die Paprika waschen, entkernen und in Streifen schneiden.

3. Das Olivenöl in einem großen Topf erhitzen und die Zwiebel, den Knoblauch und den Ingwer darin anbraten, bis sie weich sind.

4. Die Paprika hinzufügen und kurz mitbraten.

5. Das Currypulver und Kurkuma einrühren und kurz anrösten.

6. Das Hähnchenfleisch hinzufügen und anbraten, bis es rundherum gebräunt ist.

7. Die Kokosmilch und Hühnerbrühe hinzufügen und alles zum Kochen bringen. Die Hitze reduzieren und etwa 15 Minuten köcheln lassen, bis das Hähnchen gar ist.

8. Mit Salz und Pfeffer abschmecken.

9. Vor dem Servieren mit frischem Koriander garnieren.

Nährwerte pro Portion:

- Kalorien: 350

- Fett: 20g

- Kohlenhydrate: 10g

- Eiweiß: 30g

- Ballaststoffe: 3g

Süßkartoffeln mit Spinat

Portionen: 4

Zutaten:**

- 2 große Süßkartoffeln
- 500 g frischer Spinat
- 1 Zwiebel
- 2 Knoblauchzehen
- 1 EL Olivenöl
- 100 ml pflanzliche Sahne (z.B. Sojasahne)
- Salz und Pfeffer nach Geschmack
- 1/2 TL Muskatnuss
- 2 EL geriebener Parmesan (optional)

Zubereitung:

1. Die Süßkartoffeln schälen und in Würfel schneiden. In einem großen Topf mit Salzwasser etwa 15-20 Minuten kochen, bis sie weich sind.

2. Während die Süßkartoffeln kochen, den Spinat gründlich waschen und abtropfen lassen.

3. Die Zwiebel und den Knoblauch schälen und fein hacken.

4. Das Olivenöl in einer großen Pfanne erhitzen und die Zwiebel und den Knoblauch darin anbraten, bis sie weich sind.

5. Den Spinat in die Pfanne geben und unter Rühren etwa 3-5 Minuten zusammenfallen lassen.

6. Die pflanzliche Sahne hinzufügen und mit Salz, Pfeffer und Muskatnuss abschmecken. Etwa 2 Minuten köcheln lassen.

7. Die gekochten Süßkartoffeln abgießen und mit einem Kartoffelstampfer oder einer Gabel zu einem groben Püree verarbeiten.

8. Das Spinat-Sahne-Gemisch unter das Süßkartoffelpüree heben und gut vermischen.

9. Nach Belieben mit geriebenem Parmesan bestreuen und servieren.

Nährwerte pro Portion:

- Kalorien: 250

- Fett: 10g

- Kohlenhydrate: 35g

- Eiweiß: 5g

- Ballaststoffe: 6g

Weiche Fleischbällchen in Tomatensauce

Portionen: 4

Zutaten:**

- 500 g Hackfleisch (Rind oder gemischt)
- 1 Ei
- 1/2 Tasse Semmelbrösel
- 1/2 Tasse geriebener Parmesan
- 1 Knoblauchzehe, fein gehackt
- 2 EL frische Petersilie, gehackt
- Salz und Pfeffer nach Geschmack
- 2 EL Olivenöl

****Für die Tomatensauce:****

- 1 Zwiebel
- 2 Knoblauchzehen
- 800 g stückige Tomaten (aus der Dose)
- 1 TL Zucker
- Salz und Pfeffer nach Geschmack
- 1 TL getrockneter Oregano
- 1 EL Olivenöl

Zubereitung:

1. Das Hackfleisch, Ei, Semmelbrösel, Parmesan, Knoblauch, Petersilie, Salz und Pfeffer in einer großen Schüssel gut vermischen.

2. Aus der Mischung kleine Fleischbällchen formen.

3. Das Olivenöl in einer großen Pfanne erhitzen und die Fleischbällchen darin rundherum anbraten, bis sie leicht gebräunt sind. Die Fleischbällchen herausnehmen und beiseite stellen.

4. Für die Sauce die Zwiebel und den Knoblauch schälen und fein hacken.

5. Das Olivenöl in derselben Pfanne erhitzen und die Zwiebel und den Knoblauch darin anbraten, bis sie weich sind.

6. Die stückigen Tomaten, Zucker, Salz, Pfeffer und Oregano hinzufügen und alles bei mittlerer Hitze etwa 10 Minuten köcheln lassen.

7. Die Fleischbällchen zurück in die Pfanne geben und in der Sauce weitere 15 Minuten köcheln lassen, bis sie gar sind.

8. Die Fleischbällchen in Tomatensauce servieren.

Nährwerte pro Portion:

- Kalorien: 400

- Fett: 25g

- Kohlenhydrate: 15g

- Eiweiß: 30g

- Ballaststoffe: 3g

Gedämpfter Fisch mit Gemüsepüree

Portionen: 4

Zutaten:

- 4 Fischfilets (je ca. 150 g, z.B. Kabeljau oder Seehecht)
- Saft einer Zitrone
- Salz und Pfeffer nach Geschmack
- Frische Kräuter (z.B. Dill oder Petersilie) zum Garnieren

Für das Gemüsepüree:

- 2 Kartoffeln
- 2 Karotten
- 1 Zucchini
- 2 EL Butter
- Salz und Pfeffer nach Geschmack

Zubereitung:

1. Die Fischfilets mit Zitronensaft, Salz und Pfeffer würzen.

2. Einen Dampfgarer vorbereiten oder einen großen Topf mit Dämpfeinsatz verwenden.

3. Die Fischfilets im Dampfgarer etwa 10-12 Minuten garen, bis sie durchgegart sind und sich leicht zerteilen lassen.

4. In der Zwischenzeit die Kartoffeln und Karotten schälen und in Stücke schneiden. Die Zucchini in Scheiben schneiden.

5. Die Kartoffeln und Karotten in einem Topf mit Salzwasser etwa 15 Minuten kochen, bis sie weich sind.

6. Die Zucchini in den letzten 5 Minuten zum Kochen hinzufügen.

7. Das Gemüse abgießen und mit der Butter zu einem glatten Püree zerstampfen. Mit Salz und Pfeffer abschmecken.

8. Den gedämpften Fisch mit dem Gemüsepüree auf Tellern anrichten und mit frischen Kräutern garnieren.

****Nährwerte pro Portion:****

- Kalorien: 250

- Fett: 10g

- Kohlenhydrate: 20g

- Eiweiß: 20g

- Ballaststoffe: 4g

Polenta mit Linsen

Portionen: 4

Zutaten für die Polenta:

- 1 Tasse Polentagriess
- 4 Tassen Wasser
- 1 Tasse Milch (oder pflanzliche Alternative)
- 2 EL Butter (oder pflanzliche Alternative)
- 1/2 Tasse geriebener Parmesan (optional)
- Salz und Pfeffer nach Geschmack

Zutaten für die Linsen:

- 1 Tasse grüne oder braune Linsen
- 1 Zwiebel
- 2 Knoblauchzehen
- 1 Karotte
- 1 Stange Sellerie
- 1 Dose stückige Tomaten (400 g)
- 2 Tassen Gemüsebrühe
- 2 EL Olivenöl
- 1 TL Kreuzkümmel
- 1 TL Paprikapulver
- Salz und Pfeffer nach Geschmack
- Frische Petersilie zum Garnieren

Zubereitung:

1. **Polenta zubereiten:**

   1. In einem großen Topf 4 Tassen Wasser und 1 Tasse Milch zum Kochen bringen.

   2. Den Polentagriess langsam einrieseln lassen, dabei ständig rühren, um Klumpen zu vermeiden.

   3. Die Hitze reduzieren und die Polenta unter häufigem Rühren etwa 20-25 Minuten köcheln lassen, bis sie weich und cremig ist.

   4. Butter und geriebenen Parmesan einrühren (falls verwendet). Mit Salz und Pfeffer abschmecken.

   5. Die Polenta warm halten, bis die Linsen fertig sind.

2. **Linsen zubereiten:**

   1. Die Linsen nach Packungsanweisung in Wasser kochen, bis sie weich sind (ca. 20-30 Minuten). Abgießen und beiseite stellen.

   2. Die Zwiebel, Knoblauch, Karotte und Sellerie klein schneiden.

   3. Das Olivenöl in einem großen Topf erhitzen und die Zwiebel und den Knoblauch darin anbraten, bis sie weich sind.

   4. Die Karotte und den Sellerie hinzufügen und etwa 5 Minuten mitbraten.

   5. Die gekochten Linsen, die stückigen Tomaten und die Gemüsebrühe hinzufügen.

   6. Kreuzkümmel und Paprikapulver einrühren und alles zum Kochen bringen.

   7. Die Hitze reduzieren und etwa 15 Minuten köcheln lassen, bis die Sauce leicht eindickt. Mit Salz und Pfeffer abschmecken.

3. **Servieren:**

   1. Die Polenta auf Teller verteilen.

   2. Die Linsen über die Polenta geben.

   3. Mit frischer Petersilie garnieren und servieren.

Nährwerte pro Portion:

- Kalorien: 400

- Fett: 15g

- Kohlenhydrate: 50g

- Eiweiß: 15g

- Ballaststoffe: 10g

Weiche Polenta mit Pilzsauce

Portionen: 4

Zutaten:

- 1 Tasse Polentagriess
- 4 Tassen Wasser
- 1 Tasse Milch (oder pflanzliche Alternative)
- 2 EL Butter
- 1/2 Tasse geriebener Parmesan
- Salz und Pfeffer nach Geschmack

Für die Pilzsauce:

- 500 g gemischte Pilze (z.B. Champignons, Pfifferlinge, Steinpilze)
- 1 Zwiebel
- 2 Knoblauchzehen
- 200 ml Sahne (oder pflanzliche Alternative)
- 2 EL Olivenöl
- Salz und Pfeffer nach Geschmack
- Frische Petersilie zum Garnieren

Zubereitung:

1. Das Wasser in einem großen Topf zum Kochen bringen. Salz hinzufügen.

2. Den Polentagriess langsam einrieseln lassen und dabei ständig rühren, um Klumpen zu vermeiden.

3. Die Hitze reduzieren und die Polenta unter häufigem Rühren etwa 20-25 Minuten köcheln lassen, bis sie weich und cremig ist.

4. Die Milch und die Butter einrühren und den geriebenen Parmesan hinzufügen. Mit Salz und Pfeffer abschmecken.

5. In der Zwischenzeit die Zwiebel und den Knoblauch schälen und fein hacken.

6. Das Olivenöl in einer Pfanne erhitzen und die Zwiebel und den Knoblauch darin anbraten, bis sie weich sind.

7. Die Pilze putzen und in Scheiben schneiden, dann in die Pfanne geben und braten, bis sie weich sind.

8. Die Sahne hinzufügen und die Sauce bei mittlerer Hitze köcheln lassen, bis sie eindickt. Mit Salz und Pfeffer abschmecken.

9. Die cremige Polenta auf Tellern anrichten und die Pilzsauce darüber geben. Mit frischer Petersilie garnieren.

Nährwerte pro Portion:

- Kalorien: 350

- Fett: 18g

- Kohlenhydrate: 40g

- Eiweiß: 8g

- Ballaststoffe: 3g

Polenta mit Fisch in Tomatensauce

Portionen: 4

Zutaten für die Polenta:**

- 1 Tasse Polentagriess

- 4 Tassen Wasser

- 1 Tasse Milch (oder pflanzliche Alternative)

- 2 EL Butter (oder pflanzliche Alternative)

- 1/2 Tasse geriebener Parmesan (optional)

- Salz und Pfeffer nach Geschmack

****Zutaten für den Fisch in Tomatensauce:****

- 4 Fischfilets (z.B. Kabeljau, Seelachs oder Tilapia)

- 1 Zwiebel

- 2 Knoblauchzehen

- 1 Dose stückige Tomaten (400 g)

- 1 Tasse Gemüse- oder Fischbrühe

- 2 EL Olivenöl

- 1 TL getrockneter Oregano

- 1 TL getrockneter Basilikum

- 1/2 TL Paprikapulver

- Salz und Pfeffer nach Geschmack

- Frische Petersilie oder Basilikum zum Garnieren

Zubereitung:

1. **Polenta zubereiten:**

1. In einem großen Topf 4 Tassen Wasser und 1 Tasse Milch zum Kochen bringen.

2. Den Polentagriess langsam einrieseln lassen, dabei ständig rühren, um Klumpen zu vermeiden.

3. Die Hitze reduzieren und die Polenta unter häufigem Rühren etwa 20-25 Minuten köcheln lassen, bis sie weich und cremig ist.

4. Butter und geriebenen Parmesan einrühren (falls verwendet). Mit Salz und Pfeffer abschmecken.

5. Die Polenta warm halten, bis der Fisch in Tomatensauce fertig ist.

2. **Fisch in Tomatensauce zubereiten:**

1. Die Zwiebel und den Knoblauch schälen und fein hacken.

2. Das Olivenöl in einer großen Pfanne erhitzen und die Zwiebel und den Knoblauch darin anbraten, bis sie weich sind.

3. Die stückigen Tomaten und die Brühe hinzufügen und zum Kochen bringen.

4. Oregano, Basilikum und Paprikapulver einrühren. Mit Salz und Pfeffer abschmecken.

5. Die Fischfilets in die Tomatensauce legen und zugedeckt bei mittlerer Hitze etwa 10-15 Minuten köcheln lassen, bis der Fisch gar und zart ist.

3. **Servieren:** 1. Die Polenta auf Teller verteilen.

2. Die Fischfilets vorsichtig aus der Pfanne nehmen und auf die Polenta legen.

3. Die Tomatensauce über den Fisch und die Polenta gießen.

4. Mit frischer Petersilie oder Basilikum garnieren und sofort servieren.

Nährwerte pro Portion:

- Kalorien: 450
- Fett: 18g
- Kohlenhydrate: 50g
- Eiweiß: 25g
- Ballaststoffe: 5g

Pürierter Erbsenbrei mit Minze

Portionen: 4

Zutaten:

- 4 Tassen gefrorene Erbsen
- 1 Zwiebel
- 2 Knoblauchzehen
- 4 Tassen Gemüsebrühe
- 1 Tasse frische Minzblätter
- 2 EL Olivenöl
- Salz und Pfeffer nach Geschmack

Zubereitung:

1. Die Zwiebel und den Knoblauch schälen und fein hacken.
2. Das Olivenöl in einem großen Topf erhitzen und die Zwiebel und den Knoblauch darin anbraten, bis sie weich sind.
3. Die gefrorenen Erbsen hinzufügen und kurz mitbraten.
4. Die Gemüsebrühe hinzufügen und alles zum Kochen bringen. Die Hitze reduzieren und etwa 10 Minuten köcheln lassen, bis die Erbsen weich sind.
5. Die Suppe vom Herd nehmen und die frischen Minzblätter hinzufügen.
6. Alles mit einem Pürierstab oder Mixer glatt pürieren.
7. Mit Salz und Pfeffer abschmecken und sofort servieren.

Nährwerte pro Portion:- Kalorien: 150- Fett: 6g- Kohlenhydrate: 20g- Eiweiß: 6g- Ballaststoffe: 5g

Zartes Kalbsragout

Portionen: 4

Zutaten:**

- 600 g Kalbfleisch (Schulter oder Keule), in Würfel geschnitten

- 1 Zwiebel

- 2 Karotten

- 2 Stangen Sellerie

- 2 Knoblauchzehen

- 2 EL Tomatenmark

- 1 Tasse Apfelsaft (optional)

- 500 ml Kalbsbrühe

- 2 EL Mehl

- 2 EL Olivenöl

- 1 TL Thymian

- 1 Lorbeerblatt

- Salz und Pfeffer nach Geschmack

- Frische Petersilie zum Garnieren

Zubereitung:

1. Das Kalbfleisch in Würfel schneiden und mit Salz und Pfeffer würzen.

2. Die Zwiebel, Karotten und Sellerie schälen und fein hacken. Den Knoblauch ebenfalls hacken.

3. Das Olivenöl in einem großen Topf erhitzen und das Kalbfleisch darin rundherum anbraten, bis es leicht gebräunt ist. Das Fleisch herausnehmen und beiseite stellen.

4. Im selben Topf die Zwiebel, Karotten, Sellerie und Knoblauch anbraten, bis sie weich sind.

5. Das Tomatenmark einrühren und kurz mitbraten.

6. Das Mehl hinzufügen und gut verrühren.

7. Den Saft (falls verwendet) hinzufügen und aufkochen lassen, bis die Flüssigkeit etwas reduziert ist.

8. Die Kalbsbrühe, Thymian und das Lorbeerblatt hinzufügen. Das angebratene Fleisch zurück in den Topf geben.

9. Alles zum Kochen bringen, dann die Hitze reduzieren und zugedeckt etwa 1,5 bis 2 Stunden schmoren lassen, bis das Fleisch sehr zart ist.

10. Vor dem Servieren das Lorbeerblatt entfernen und das Ragout mit frischer Petersilie garnieren.

Nährwerte pro Portion:

- Kalorien: 400

- Fett: 20g

- Kohlenhydrate: 15g

- Eiweiß: 35g

- Ballaststoffe: 3g

Lamm-Ragout**

- **Zutaten:** Lammfleisch (z.B. Schulter), Zwiebeln, Karotten, Sellerie, Knoblauch, Brühe, Tomatenmark, Gewürze.

- **Zubereitung:** Das Lammfleisch in kleine Stücke schneiden und anbraten. Zwiebeln, Karotten, Sellerie und Knoblauch fein hacken und hinzufügen. Mit Brühe und Tomatenmark ablöschen und langsam schmoren lassen, bis das Fleisch sehr zart ist. Alles in eine feine Konsistenz pürieren, wenn nötig.

Lamm-Kartoffel- und Karottenpüree**

Zutaten:** Lammfleisch, Kartoffeln, Karotten, Butter, Brühe, Gewürze.

Zubereitung:** Das Lammfleisch in kleine Stücke schneiden, kochen und pürieren. Kartoffeln und Karotten weich kochen, pürieren und mit etwas Butter und Brühe vermengen. Das pürierte Lammfleisch unter das Kartoffel-Karotten-Püree mischen.

Lammfleisch-Kroketten (sanft)**

- **Zutaten:** Lammfleisch, Kartoffeln, Zwiebeln, Gewürze, Ei, Paniermehl.

Zubereitung:** Das Lammfleisch kochen und pürieren. Kartoffeln ebenfalls weich kochen und pürieren. Beides miteinander vermengen, Zwiebeln anbraten und hinzufügen. Kleine Portionen formen, in Ei und Paniermehl wenden und vorsichtig in der Pfanne braten oder im Ofen backen, bis sie goldbraun sind.

Lammfleisch- und Gemüsepüree**

Zutaten:** Lammfleisch, verschiedene Gemüse wie Zucchini, Spinat, Karotten, Brühe.

Zubereitung:** Das Lammfleisch und Gemüse weich kochen. Alles zusammen pürieren und mit Brühe oder etwas Sahne verfeinern, um eine angenehme Konsistenz zu erreichen.

Mini-Erbsen, oft auch als „Zuckererbsen" oder „Mangetout" bezeichnet, sind eine köstliche und zarte Variante der normalen Erbsen. Hier sind einige Rezeptideen, um sie auf einfache und appetitliche Weise zu nutzen:

Mini-Erbsen-Püree**

Zutaten:** Mini-Erbsen, Zwiebeln, Knoblauch, Brühe, Sahne oder Joghurt, Salz, Pfeffer.

- **Zubereitung:** Erbsen in etwas Wasser oder Brühe kochen, bis sie weich sind. Zwiebeln und Knoblauch anbraten. Alles zusammen pürieren, etwas Sahne oder Joghurt hinzufügen und mit Salz und Pfeffer abschmecken. Dieses Püree kann als Beilage oder sogar als Basis für eine Suppe verwendet werden.

Mini-Erbsen-Karotten-Püree**

Zutaten:** Mini-Erbsen, Karotten, Butter, Brühe, Salz, Pfeffer.

- **Zubereitung:** Karotten und Erbsen weich kochen. Zusammen pürieren und mit etwas Butter und Brühe verrühren. Mit Salz und Pfeffer abschmecken. Ideal als Beilage oder für eine leichte Mahlzeit.

Mini-Erbsen mit zartem Lamm**

Zutaten:** Mini-Erbsen, zartes Lammfleisch (z.B. Lammfilet), Zwiebeln, Knoblauch, Brühe, Gewürze.

Zubereitung:** Das Lammfleisch in kleine Stücke schneiden und anbraten. Zwiebeln und Knoblauch hinzufügen und kurz mitbraten. Erbsen und Brühe dazugeben und köcheln lassen, bis alles zart ist. Das Gericht kann nach Belieben püriert werden, um eine weichere Konsistenz zu erhalten.

Mini-Erbsen-Suppe**

Zutaten:** Mini-Erbsen, Gemüsebrühe, Zwiebeln, Knoblauch, etwas Sahne oder Creme fraiche, Salz, Pfeffer.

Zubereitung:** Zwiebeln und Knoblauch anbraten, dann Erbsen und Brühe hinzufügen. Alles weich kochen und pürieren. Mit etwas Sahne oder Creme fraiche verfeinern und mit Salz und Pfeffer abschmecken. Diese Suppe kann auch durch ein feines Sieb gestrichen werden, um eine besonders glatte Konsistenz zu erhalten.

Beilagen und Gemüse

Cremiger Kartoffelpüree

Portionen: 4

Zutaten:**

- 1 kg Kartoffeln
- 100 g Butter
- 200 ml Milch (oder pflanzliche Alternative)
- Salz und Pfeffer nach Geschmack
- Muskatnuss (optional)

Zubereitung:**

1. Die Kartoffeln schälen, in Stücke schneiden und in einem großen Topf mit Salzwasser kochen, bis sie weich sind (ca. 20 Minuten).

2. Die Kartoffeln abgießen und zurück in den Topf geben.

3. Butter und Milch hinzufügen und die Kartoffeln mit einem Kartoffelstampfer oder Handmixer zu einem glatten Püree verarbeiten.

4. Mit Salz, Pfeffer und Muskatnuss abschmecken.

Nährwerte pro Portion:**- Kalorien: 250- Fett: 12g- Kohlenhydrate: 30g- Eiweiß: 4g- Ballaststoffe: 3g

Pürierter Karottenbrei

Portionen:** 4

Zutaten:**

- 1 kg Karotten
- 2 EL Butter
- 100 ml Sahne (oder pflanzliche Alternative)
- Salz und Pfeffer nach Geschmack

Zubereitung:

1. Die Karotten schälen und in Stücke schneiden.
2. Die Karotten in einem Topf mit Salzwasser kochen, bis sie weich sind (ca. 15-20 Minuten).
3. Die Karotten abgießen und in einen Mixer oder eine Küchenmaschine geben.
4. Butter und Sahne hinzufügen und alles zu einer glatten, cremigen Konsistenz pürieren.
5. Mit Salz und Pfeffer abschmecken.

Nährwerte pro Portion:**

- Kalorien: 120
- Fett: 8g
- Kohlenhydrate: 12g
- Eiweiß: 2g
- Ballaststoffe: 4g

Zartes Kürbispüree

Portionen:** 4

Zutaten:**

- 1 kleiner Hokkaido-Kürbis
- 2 EL Butter
- 100 ml Sahne (oder pflanzliche Alternative)
- Salz und Pfeffer nach Geschmack
- 1 TL Ahornsirup (optional)

Zubereitung:

1. Den Kürbis halbieren, die Kerne entfernen und das Fruchtfleisch in Würfel schneiden.
2. Den Kürbis in einem Topf mit Salzwasser kochen, bis er weich ist (ca. 15-20 Minuten).
3. Den Kürbis abgießen und in einen Mixer oder eine Küchenmaschine geben.
4. Butter und Sahne hinzufügen und alles zu einer glatten, cremigen Konsistenz pürieren.
5. Mit Salz, Pfeffer und Ahornsirup abschmecken.

Nährwerte pro Portion:**- Kalorien: 130- Fett: 9g- Kohlenhydrate: 12g- Eiweiß: 2g- Ballaststoffe: 3g

Cremiger Spinatauflauf

Portionen: 4

Zutaten:

- 500 g frischer Spinat
- 1 Zwiebel
- 2 Knoblauchzehen
- 200 g Ricotta-Käse
- 100 ml Sahne (oder pflanzliche Alternative)
- 2 EL Butter
- Salz und Pfeffer nach Geschmack
- Muskatnuss (optional)

Zubereitung:

1. Den Spinat waschen und grob hacken.

2. Die Zwiebel und den Knoblauch schälen und fein hacken.

3. Die Butter in einer großen Pfanne erhitzen und die Zwiebel und den Knoblauch darin anbraten, bis sie weich sind.

4. Den Spinat hinzufügen und kurz mitbraten, bis er zusammenfällt.

5. Den Spinat mit Salz, Pfeffer und Muskatnuss abschmecken und abkühlen lassen.

6. In einer Schüssel den Ricotta-Käse und die Sahne verrühren und den abgekühlten Spinat unterheben.

7. Die Mischung in eine gefettete Auflaufform geben und bei 180°C etwa 20 Minuten backen, bis der Auflauf goldbraun ist.

Nährwerte pro Portion:- Kalorien: 200- Fett: 15g- Kohlenhydrate: 7g- Eiweiß: 10g- Ballaststoffe: 3g

Weiches Zucchinipüree

Portionen:** 4

Zutaten:**

- 4 mittelgroße Zucchini
- 2 EL Butter
- 100 ml Sahne (oder pflanzliche Alternative)
- Salz und Pfeffer nach Geschmack
- 1 TL Zitronensaft (optional)

Zubereitung:

1. Die Zucchini waschen und in Scheiben schneiden.
2. Die Zucchini in einem Topf mit Salzwasser kochen, bis sie weich sind (ca. 10-15 Minuten).
3. Die Zucchini abgießen und in einen Mixer oder eine Küchenmaschine geben.
4. Butter und Sahne hinzufügen und alles zu einer glatten, cremigen Konsistenz pürieren.
5. Mit Salz, Pfeffer und Zitronensaft abschmecken.

Nährwerte pro Portion:**- Kalorien: 110- Fett: 8g- Kohlenhydrate: 8g- Eiweiß: 2g- Ballaststoffe: 2g

Weiches Zucchinipüree

Portionen: 4

Zutaten:**

- 4 mittelgroße Zucchini
- 2 EL Butter
- 100 ml Sahne (oder pflanzliche Alternative)
- Salz und Pfeffer nach Geschmack
- 1 TL Zitronensaft (optional)

Zubereitung:**

1. Die Zucchini waschen und in Scheiben schneiden.
2. Die Zucchini in einem Topf mit Salzwasser kochen, bis sie weich sind (ca. 10-15 Minuten).
3. Die Zucchini abgießen und in einen Mixer oder eine Küchenmaschine geben.
4. Butter und Sahne hinzufügen und alles zu einer glatten, cremigen Konsistenz pürieren.
5. Mit Salz, Pfeffer und Zitronensaft abschmecken.

Nährwerte pro Portion:**- Kalorien: 110- Fett: 8g- Kohlenhydrate: 8g- Eiweiß: 2g- Ballaststoffe: 2g

Brokkolipüree mit Käse

Portionen: 4

Zutaten:**

- 1 großer Brokkolikopf
- 2 EL Butter
- 100 ml Sahne (oder pflanzliche Alternative)
- 1/2 Tasse geriebener Cheddar-Käse
- Salz und Pfeffer nach Geschmack

Zubereitung:

1. Den Brokkoli in Röschen teilen und waschen.
2. Den Brokkoli in einem Topf mit Salzwasser kochen, bis er weich ist (ca. 10-15 Minuten).
3. Den Brokkoli abgießen und in einen Mixer oder eine Küchenmaschine geben.
4. Butter, Sahne und geriebenen Käse hinzufügen und alles zu einer glatten, cremigen Konsistenz pürieren.
5. Mit Salz und Pfeffer abschmecken.

Nährwerte pro Portion:

- Kalorien: 160
- Fett: 12g
- Kohlenhydrate: 8g
- Eiweiß: 6g
- Ballaststoffe: 3g

Pürierter Blumenkohl

Portionen:** 4

Zutaten:**

- 1 großer Blumenkohlkopf

- 2 EL Butter

- 100 ml Sahne (oder pflanzliche Alternative)

- Salz und Pfeffer nach Geschmack

- Muskatnuss (optional)

Zubereitung:

1. Den Blumenkohl in Röschen teilen und waschen.

2. Den Blumenkohl in einem Topf mit Salzwasser kochen, bis er weich ist (ca. 15-20 Minuten).

3. Den Blumenkohl abgießen und in einen Mixer oder eine Küchenmaschine geben.

4. Butter und Sahne hinzufügen und alles zu einer glatten, cremigen Konsistenz pürieren.

5. Mit Salz, Pfeffer und Muskatnuss abschmecken.

Nährwerte pro Portion:**

- Kalorien: 140

- Fett: 10g

- Kohlenhydrate: 10g

- Eiweiß: 3g

- Ballaststoffe: 4g

Weiche Polenta

Portionen:** 4

Zutaten:**

- 1 Tasse Polentagriess
- 4 Tassen Wasser
- 1 Tasse Milch (oder pflanzliche Alternative)
- 2 EL Butter
- 1/2 Tasse geriebener Parmesan
- Salz und Pfeffer nach Geschmack

Zubereitung:

1. Das Wasser in einem großen Topf zum Kochen bringen. Salz hinzufügen.

2. Den Polentagriess langsam einrieseln lassen und dabei ständig rühren, um Klumpen zu vermeiden.

3. Die Hitze reduzieren und die Polenta unter häufigem Rühren etwa 20-25 Minuten köcheln lassen, bis sie weich und cremig ist.

4. Die Milch und die Butter einrühren und den geriebenen Parmesan hinzufügen. Mit Salz und Pfeffer abschmecken.

****Nährwerte pro Portion:***- Kalorien: 220- Fett: 12g- Kohlenhydrate: 22g- Eiweiß: 6g- Ballaststoffe: 2g

Sanftes Erbsenpüree

Portionen: 4

Zutaten:

- 4 Tassen gefrorene Erbsen
- 2 EL Butter
- 100 ml Sahne (oder pflanzliche Alternative)
- Salz und Pfeffer nach Geschmack
- Frische Minze zum Garnieren (optional)

Zubereitung:

1. Die gefrorenen Erbsen in einem Topf mit Salzwasser kochen, bis sie weich sind (ca. 5-7 Minuten).

2. Die Erbsen abgießen und in einen Mixer oder eine Küchenmaschine geben.

3. Butter und Sahne hinzufügen und alles zu einer glatten, cremigen Konsistenz pürieren.

4. Mit Salz und Pfeffer abschmecken und nach Belieben mit frischer Minze garnieren.

Nährwerte pro Portion:

- Kalorien: 150
- Fett: 8g
- Kohlenhydrate: 15g
- Eiweiß: 4g
- Ballaststoffe: 5g

Zartes Pastinakenpüree

Portionen: 4

Zutaten:

- 1 kg Pastinaken
- 2 EL Butter
- 100 ml Sahne (oder pflanzliche Alternative)
- Salz und Pfeffer nach Geschmack
- 1 TL Honig (optional)

Zubereitung:

1. Die Pastinaken schälen und in Stücke schneiden.
2. Die Pastinaken in einem Topf mit Salzwasser kochen, bis sie weich sind (ca. 15-20 Minuten).
3. Die Pastinaken abgießen und in einen Mixer oder eine Küchenmaschine geben.
4. Butter und Sahne hinzufügen und alles zu einer glatten, cremigen Konsistenz pürieren.
5. Mit Salz, Pfeffer und Honig abschmecken.

Nährwerte pro Portion:- Kalorien: 160- Fett: 8g- Kohlenhydrate: 20g- Eiweiß: 2g- Ballaststoffe: 5g

Nachtische und Süßspeisen

Pürierter Obstsalat

Portionen: 4

Zutaten:**

- 2 Äpfel

- 2 Bananen

- 1 Orange

- 1 Tasse Erdbeeren

- 1 Tasse Trauben

- Saft einer halben Zitrone

- 1 EL Honig (optional)

Zubereitung:

1. Das Obst waschen, schälen und in kleine Stücke schneiden.

2. Alle Früchte in einen Mixer oder eine Küchenmaschine geben.

3. Zitronensaft und Honig hinzufügen.

4. Alles zu einer glatten, homogenen Masse pürieren.

5. Sofort servieren oder gekühlt aufbewahren.

Nährwerte pro Portion:**- Kalorien: 120- Fett: 0.5g- Kohlenhydrate: 30g- Eiweiß: 1g- Ballaststoffe: 4g

Cremiger Vanillepudding

Portionen: 4

Zutaten:

- 500 ml Milch (oder pflanzliche Alternative)
- 50 g Zucker
- 1 Päckchen Vanillezucker
- 1 EL Maisstärke
- 3 Eigelb
- 1 Vanilleschote

Zubereitung:

1. Die Vanilleschote längs aufschneiden und das Mark herauskratzen.
2. Die Milch mit dem Vanillemark und der Vanilleschote in einem Topf erhitzen.
3. In einer Schüssel die Eigelbe mit Zucker und Maisstärke verrühren.
4. Die heiße Milch langsam unter ständigem Rühren zu der Eigelbmischung geben.
5. Die Mischung zurück in den Topf geben und bei niedriger Hitze unter ständigem Rühren erhitzen, bis sie eindickt.
6. Den Pudding durch ein Sieb in eine Schüssel gießen und abkühlen lassen.

Nährwerte pro Portion:- Kalorien: 200- Fett: 10g- Kohlenhydrate: 25g- Eiweiß: 5g- Ballaststoffe: 0g

Weiche Mousse au Chocolat

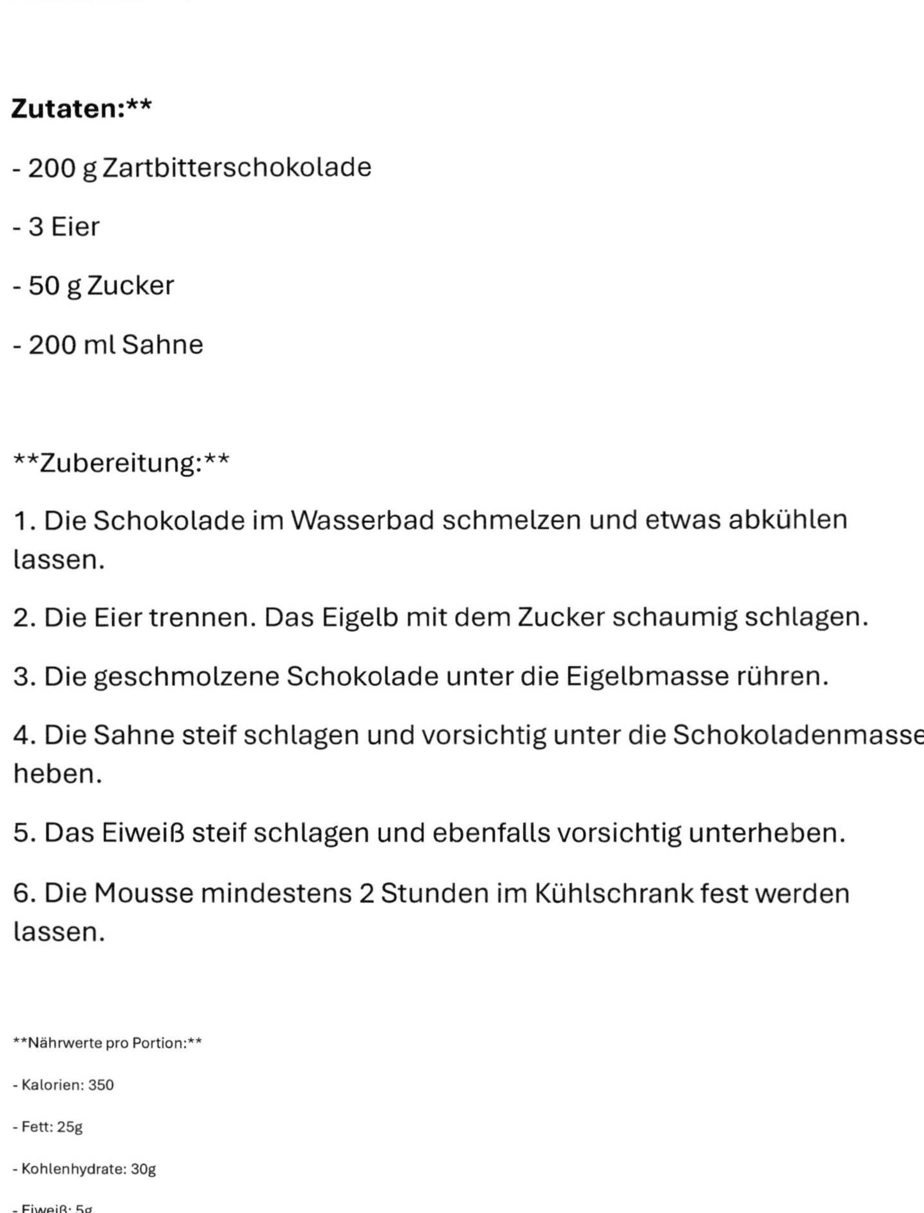

Portionen:** 4

Zutaten:**

- 200 g Zartbitterschokolade
- 3 Eier
- 50 g Zucker
- 200 ml Sahne

Zubereitung:

1. Die Schokolade im Wasserbad schmelzen und etwas abkühlen lassen.
2. Die Eier trennen. Das Eigelb mit dem Zucker schaumig schlagen.
3. Die geschmolzene Schokolade unter die Eigelbmasse rühren.
4. Die Sahne steif schlagen und vorsichtig unter die Schokoladenmasse heben.
5. Das Eiweiß steif schlagen und ebenfalls vorsichtig unterheben.
6. Die Mousse mindestens 2 Stunden im Kühlschrank fest werden lassen.

Nährwerte pro Portion:

- Kalorien: 350
- Fett: 25g
- Kohlenhydrate: 30g
- Eiweiß: 5g
- Ballaststoffe: 3g

Warmer Apfelkompott

Portionen: 4

Zutaten:**

- 4 Äpfel

- 2 EL Zucker

- 1 TL Zimt

- 1 EL Zitronensaft

- 100 ml Wasser

Zubereitung:

1. Die Äpfel schälen, entkernen und in kleine Stücke schneiden.

2. Die Apfelstücke mit Zucker, Zimt, Zitronensaft und Wasser in einen Topf geben.

3. Alles zum Kochen bringen und bei niedriger Hitze etwa 15-20 Minuten köcheln lassen, bis die Äpfel weich sind.

4. Den Kompott nach Belieben pürieren oder stückig lassen.

5. Warm servieren.

Nährwerte pro Portion:

- Kalorien: 100

- Fett: 0.5g

- Kohlenhydrate: 25g

- Eiweiß: 0.5g

- Ballaststoffe: 4g

Cremiges Himbeerdessert

Portionen:** 4

Zutaten:**

- 500 g frische oder gefrorene Himbeeren
- 200 g griechischer Joghurt
- 100 ml Sahne
- 50 g Zucker
- 1 TL Vanilleextrakt

Zubereitung:

1. Die Himbeeren in einen Mixer geben und pürieren. Danach durch ein Sieb streichen, um die Kerne zu entfernen.
2. Den griechischen Joghurt mit dem Himbeerpüree und dem Vanilleextrakt verrühren.
3. Die Sahne steif schlagen und vorsichtig unter die Himbeermischung heben.
4. Nach Belieben mit Zucker abschmecken.
5. Das Dessert in Gläser füllen und mindestens 1 Stunde im Kühlschrank kühlen.

****Nährwerte pro Portion:****

- Kalorien: 180
- Fett: 10g
- Kohlenhydrate: 20g
- Eiweiß: 4g
- Ballaststoffe: 4g

Leichte Zitronencreme

Portionen: 4

Zutaten:

- 2 Zitronen (Saft und Schale)
- 200 ml Sahne (oder pflanzliche Alternative)
- 100 g Zucker
- 2 Eigelb
- 1 EL Maisstärke

Zubereitung:

1. Die Zitronen auspressen und die Schale abreiben.
2. Die Sahne in einem Topf erhitzen.
3. Eigelb und Zucker in einer Schüssel schaumig schlagen.
4. Zitronensaft und -schale sowie die Maisstärke zu der Eigelbmasse hinzufügen.
5. Die heiße Sahne langsam unter ständigem Rühren zur Eigelbmasse geben.
6. Die Mischung zurück in den Topf geben und bei niedriger Hitze unter ständigem Rühren erhitzen, bis sie eindickt.
7. Die Zitronencreme in Schälchen füllen und abkühlen lassen.

Nährwerte pro Portion:- Kalorien: 180- Fett: 10g- Kohlenhydrate: 20g- Eiweiß: 3g- Ballaststoffe: 0g

Pürierte Beeren mit Joghurt

Portionen: 4

Zutaten:

- 2 Tassen gemischte Beeren (z.B. Erdbeeren, Himbeeren, Blaubeeren)
- 500 g Naturjoghurt
- 2 EL Honig
- 1 TL Vanilleextrakt

Zubereitung:

1. Die Beeren waschen und in einen Mixer geben.
2. Honig und Vanilleextrakt hinzufügen.
3. Alles zu einer glatten Masse pürieren.
4. Den Joghurt unter die pürierten Beeren mischen.
5. In Schälchen füllen und sofort servieren oder im Kühlschrank aufbewahren.

Nährwerte pro Portion:

- Kalorien: 150
- Fett: 2g
- Kohlenhydrate: 25g
- Eiweiß: 6g
- Ballaststoffe: 3g

Fluffiger Käsekuchen

Portionen: 8

Zutaten:**

- 500 g Frischkäse

- 200 g Zucker

- 3 Eier

- 200 ml Sahne

- 1 TL Vanilleextrakt

- 1 EL Zitronensaft

- 100 g Mehl

Zubereitung:

1. Den Ofen auf 160°C vorheizen und eine Springform einfetten.

2. Den Frischkäse und den Zucker in einer Schüssel cremig rühren.

3. Nach und nach die Eier hinzufügen und gut verrühren.

4. Sahne, Vanilleextrakt und Zitronensaft unterrühren.

5. Das Mehl einstreuen und gut vermischen, bis eine glatte Masse entsteht.

6. Den Teig in die vorbereitete Springform füllen und glatt streichen.

7. Den Käsekuchen etwa 50-60 Minuten backen, bis er fest und leicht gebräunt ist.

8. Den Kuchen abkühlen lassen und vor dem Servieren im Kühlschrank vollständig kühlen.

Nährwerte pro Portion:**- Kalorien: 350- Fett: 25g- Kohlenhydrate: 25g- Eiweiß: 6g- Ballaststoffe: 0g

Sanfter Milchreis mit Zimt

Portionen: 4

Zutaten:**

- 1 Tasse Rundkornreis

- 4 Tassen Milch (oder pflanzliche Alternative)

- 50 g Zucker

- 1 TL Vanilleextrakt

- 1 TL Zimt

Zubereitung:

1. Den Reis mit der Milch in einem Topf zum Kochen bringen.

2. Die Hitze reduzieren und den Reis bei niedriger Hitze unter gelegentlichem Rühren etwa 30 Minuten köcheln lassen, bis der Reis weich und die Mischung cremig ist.

3. Zucker und Vanilleextrakt unterrühren.

4. Den Milchreis in Schälchen füllen und mit Zimt bestreuen.

5. Warm oder kalt servieren.

Nährwerte pro Portion:

- Kalorien: 250

- Fett: 6g

- Kohlenhydrate: 45g

- Eiweiß: 6g

- Ballaststoffe: 1g

Pürierte Mangocreme

Portionen: 4

Zutaten:**

- 2 reife Mangos
- 200 ml Kokosmilch
- 2 EL Honig
- Saft einer Limette

Zubereitung:

1. Die Mangos schälen, das Fruchtfleisch vom Kern schneiden und in Stücke schneiden.
2. Die Mangostücke zusammen mit Kokosmilch, Honig und Limettensaft in einen Mixer geben.
3. Alles zu einer glatten, cremigen Masse pürieren.
4. Die Mangocreme in Schälchen füllen und kalt stellen.
5. Vor dem Servieren optional mit frischen Minzblättern garnieren.

Nährwerte pro Portion:

- Kalorien: 180
- Fett: 8g
- Kohlenhydrate: 25g
- Eiweiß: 2g
- Ballaststoffe: 3g

Smoothies und Getränke

Bananen-Mango-Smoothie

Portionen: 2

Zutaten:**

- 1 reife Mango
- 1 Banane
- 1 Tasse Orangensaft
- 1/2 Tasse Joghurt (natur oder griechisch)
- 1 EL Honig (optional)

Zubereitung:

1. Die Mango schälen, das Fruchtfleisch vom Kern schneiden und in Stücke schneiden.
2. Die Banane schälen und in Stücke brechen.
3. Mango, Banane, Orangensaft und Joghurt in einen Mixer geben.
4. Alles zu einer glatten, cremigen Konsistenz mixen.
5. Nach Belieben mit Honig süßen.
6. Sofort servieren.

Nährwerte pro Portion:

- Kalorien: 180
- Fett: 2g
- Kohlenhydrate: 40g
- Eiweiß: 4g
- Ballaststoffe: 4g

Sanfter Beeren-Smoothie

Portionen: 2

Zutaten:**

- 1 Tasse gemischte Beeren (z.B. Erdbeeren, Himbeeren, Blaubeeren)
- 1 Banane
- 1 Tasse Milch (oder pflanzliche Alternative)
- 1/2 Tasse Joghurt (natur oder griechisch)
- 1 EL Honig (optional)

Zubereitung:

1. Die Beeren waschen und in den Mixer geben.
2. Die Banane schälen und in Stücke brechen.
3. Milch, Joghurt und Honig hinzufügen.
4. Alles zu einer glatten Konsistenz mixen.
5. Sofort servieren.

Nährwerte pro Portion:

- Kalorien: 150
- Fett: 3g
- Kohlenhydrate: 30g
- Eiweiß: 5g
- Ballaststoffe: 4g

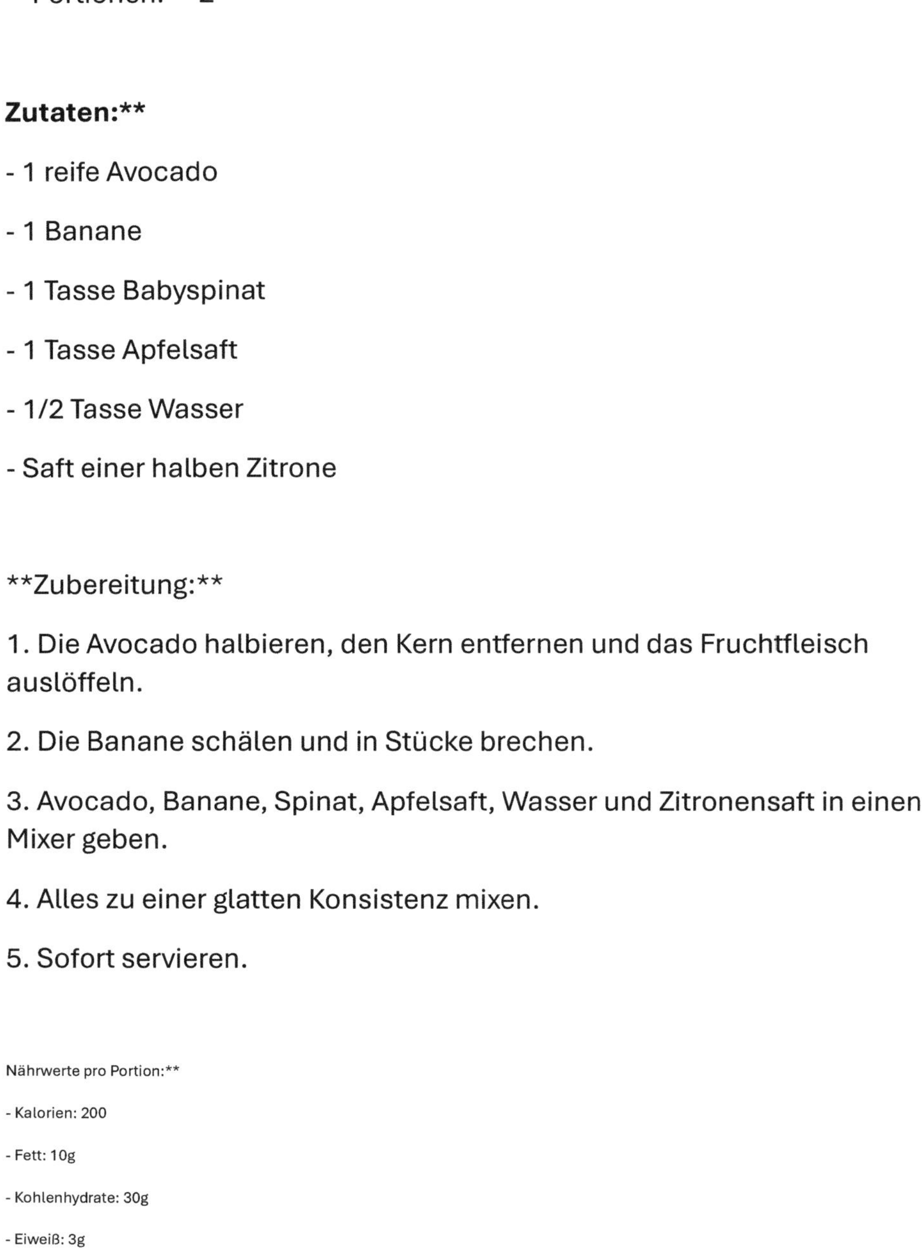

Grüner Smoothie mit Avocado

Portionen: 2

Zutaten:**

- 1 reife Avocado

- 1 Banane

- 1 Tasse Babyspinat

- 1 Tasse Apfelsaft

- 1/2 Tasse Wasser

- Saft einer halben Zitrone

Zubereitung:

1. Die Avocado halbieren, den Kern entfernen und das Fruchtfleisch auslöffeln.

2. Die Banane schälen und in Stücke brechen.

3. Avocado, Banane, Spinat, Apfelsaft, Wasser und Zitronensaft in einen Mixer geben.

4. Alles zu einer glatten Konsistenz mixen.

5. Sofort servieren.

Nährwerte pro Portion:**

- Kalorien: 200

- Fett: 10g

- Kohlenhydrate: 30g

- Eiweiß: 3g

- Ballaststoffe: 6g

Cremiger Vanille-Shake

Portionen: 2

Zutaten:

- 2 Tassen Vanilleeis
- 1 Tasse Milch (oder pflanzliche Alternative)
- 1 TL Vanilleextrakt
- Schlagsahne zum Garnieren (optional)

Zubereitung:

1. Das Vanilleeis, die Milch und das Vanilleextrakt in einen Mixer geben.
2. Alles zu einer glatten, cremigen Konsistenz mixen.
3. In Gläser füllen und nach Belieben mit Schlagsahne garnieren.
4. Sofort servieren.

Nährwerte pro Portion:

- Kalorien: 300
- Fett: 15g
- Kohlenhydrate: 35g
- Eiweiß: 6g
- Ballaststoffe: 0g

Pfirsich-Joghurt-Drink

Portionen: 2

Zutaten:

- 2 reife Pfirsiche
- 1 Banane
- 1 Tasse Joghurt (natur oder griechisch)
- 1/2 Tasse Orangensaft
- 1 EL Honig (optional)

Zubereitung:

1. Die Pfirsiche waschen, entkernen und in Stücke schneiden.
2. Die Banane schälen und in Stücke brechen.
3. Pfirsiche, Banane, Joghurt und Orangensaft in einen Mixer geben.
4. Alles zu einer glatten Konsistenz mixen.
5. Nach Belieben mit Honig süßen.
6. Sofort servieren.

Nährwerte pro Portion:

- Kalorien: 180
- Fett: 2g
- Kohlenhydrate: 40g
- Eiweiß: 5g
- Ballaststoffe: 3g

Warme Honigmilch

Portionen: 2

Zutaten:

- 2 Tassen Milch (oder pflanzliche Alternative)
- 2 EL Honig
- 1/2 TL Vanilleextrakt (optional)
- 1 Prise Zimt (optional)

Zubereitung:

1. Die Milch in einem kleinen Topf erhitzen, bis sie warm, aber nicht kochend ist.
2. Den Honig in die warme Milch einrühren, bis er sich vollständig aufgelöst hat.
3. Vanilleextrakt und eine Prise Zimt hinzufügen, falls gewünscht.
4. Die warme Honigmilch in Tassen gießen und sofort servieren.

Nährwerte pro Portion:

- Kalorien: 150
- Fett: 5g
- Kohlenhydrate: 22g
- Eiweiß: 6g
- Ballaststoffe: 0g

Erdbeer-Bananen-Smoothie

Portionen: 2

Zutaten:**

- 1 Tasse Erdbeeren (frisch oder gefroren)
- 1 Banane
- 1 Tasse Milch (oder pflanzliche Alternative)
- 1/2 Tasse Joghurt (natur oder griechisch)
- 1 EL Honig (optional)

Zubereitung:

1. Die Erdbeeren waschen und die Banane schälen.
2. Erdbeeren, Banane, Milch und Joghurt in einen Mixer geben.
3. Alles zu einer glatten Konsistenz mixen.
4. Nach Belieben mit Honig süßen.
5. Sofort servieren.

Nährwerte pro Portion:

- Kalorien: 160
- Fett: 3g
- Kohlenhydrate: 32g
- Eiweiß: 6g
- Ballaststoffe: 3g

Haferflocken-Smoothie

Portionen: 2

Zutaten:

- 1/2 Tasse Haferflocken
- 1 Banane
- 1 Tasse Milch (oder pflanzliche Alternative)
- 1/2 Tasse Joghurt (natur oder griechisch)
- 1 EL Honig
- 1/2 TL Zimt

Zubereitung:

1. Die Haferflocken in einem Mixer oder einer Küchenmaschine fein mahlen.
2. Die Banane schälen und in Stücke brechen.
3. Haferflocken, Banane, Milch, Joghurt, Honig und Zimt in den Mixer geben.
4. Alles zu einer glatten Konsistenz mixen.
5. Sofort servieren.

Nährwerte pro Portion:

- Kalorien: 200
- Fett: 4g
- Kohlenhydrate: 38g
- Eiweiß: 8g
- Ballaststoffe: 4g

Schokoladen-Smoothie

Portionen: 2

Zutaten:

- 1 Banane
- 1 Tasse Milch (oder pflanzliche Alternative)
- 2 EL Kakaopulver
- 1 EL Erdnussbutter
- 1 EL Honig (optional)
- 1/2 Tasse Eiswürfel (optional)

Zubereitung:

1. Die Banane schälen und in Stücke brechen.
2. Banane, Milch, Kakaopulver, Erdnussbutter und Honig in einen Mixer geben.
3. Eiswürfel hinzufügen, falls gewünscht.
4. Alles zu einer glatten Konsistenz mixen.
5. Sofort servieren.

Nährwerte pro Portion:

- Kalorien: 250
- Fett: 10g
- Kohlenhydrate: 35g
- Eiweiß: 8g
- Ballaststoffe: 5g

Cremiger Mandelmilch-Shake

Portionen: 2

Zutaten:

- 2 Tassen ungesüßte Mandelmilch
- 1 reife Banane
- 1 EL Mandelbutter
- 1 EL Ahornsirup
- 1/2 TL Vanilleextrakt
- 1/2 Tasse Eiswürfel (optional)

Zubereitung:

1. Die Banane schälen und in Stücke brechen.
2. Mandelmilch, Banane, Mandelbutter, Ahornsirup und Vanilleextrakt in einen Mixer geben.
3. Eiswürfel hinzufügen, falls gewünscht.
4. Alles zu einer glatten Konsistenz mixen.
5. Sofort servieren.

Nährwerte pro Portion:

- Kalorien: 180
- Fett: 6g
- Kohlenhydrate: 30g
- Eiweiß: 3g
- Ballaststoffe: 3g

Snacks und kleine Mahlzeiten

Pürierter Hummus mit weichem Brot

Portionen: 4

Zutaten:**

- 1 Dose Kichererbsen (400 g)

- 2 EL Tahini (Sesampaste)

- 1 Knoblauchzehe

- Saft einer Zitrone

- 3 EL Olivenöl

- 1/2 TL Kreuzkümmel

- Salz und Pfeffer nach Geschmack

- 4 Scheiben weiches Brot

Zubereitung:

1. Die Kichererbsen abgießen und abspülen.

2. Die Kichererbsen zusammen mit Tahini, Knoblauch, Zitronensaft, 2 EL Olivenöl und Kreuzkümmel in einen Mixer geben.

3. Alles zu einer glatten, cremigen Konsistenz pürieren. Bei Bedarf etwas Wasser hinzufügen, um die gewünschte Konsistenz zu erreichen.

4. Mit Salz und Pfeffer abschmecken.

5. Den Hummus mit dem restlichen Olivenöl beträufeln und mit weichem Brot servieren.

Nährwerte pro Portion:**- Kalorien: 250- Fett: 12g- Kohlenhydrate: 28g- Eiweiß: 7g- Ballaststoffe: 6g

Weiche Gemüsemuffins

Portionen: 12 Muffins

Zutaten:**

- 1 Tasse geriebene Karotten
- 1 Tasse geriebene Zucchini
- 1/2 Tasse geriebener Käse
- 1/2 Tasse Milch (oder pflanzliche Alternative)
- 2 Eier
- 1 Tasse Mehl
- 1 TL Backpulver
- 1/2 TL Salz
- 1/4 TL Pfeffer
- 2 EL Olivenöl

****Zubereitung:******

1. Den Ofen auf 180°C vorheizen und eine Muffinform einfetten.
2. In einer großen Schüssel Mehl, Backpulver, Salz und Pfeffer vermischen.
3. In einer anderen Schüssel Eier, Milch und Olivenöl verquirlen.
4. Die feuchten Zutaten zu den trockenen Zutaten geben und gut vermischen.
5. Geriebene Karotten, Zucchini und Käse unterheben.
6. Den Teig gleichmäßig in die Muffinform füllen.

7. Die Muffins etwa 20-25 Minuten backen, bis sie goldbraun und durchgebacken sind.

8. Vor dem Servieren leicht abkühlen lassen.

Nährwerte pro Muffin:- Kalorien: 100- Fett: 6g- Kohlenhydrate: 9g- Eiweiß: 3g- Ballaststoffe: 1g

Sanfte Käseküchlein

Portionen: 12 Küchlein

Zutaten:

- 200 g Frischkäse
- 50 g Zucker
- 2 Eier
- 1 TL Vanilleextrakt
- 12 Vanillewaffeln (als Boden)

Zubereitung:

1. Den Ofen auf 180°C vorheizen und eine Muffinform mit Papierförmchen auslegen.

2. Die Vanillewaffeln als Boden in die Papierförmchen legen.

3. Den Frischkäse mit Zucker, Eiern und Vanilleextrakt glatt rühren.

4. Die Käsemasse gleichmäßig auf die vorbereiteten Förmchen verteilen.

5. Die Küchlein etwa 20-25 Minuten backen, bis sie fest sind.

6. Vor dem Servieren abkühlen lassen.

Nährwerte pro Küchlein:- Kalorien: 120- Fett: 8g- Kohlenhydrate: 10g- Eiweiß: 3g- Ballaststoffe: 0g

Cremige Avocado-Creme

Portionen: 4

Zutaten:

- 2 reife Avocados
- 1 Knoblauchzehe
- Saft einer Limette
- 2 EL Joghurt (natur oder griechisch)
- Salz und Pfeffer nach Geschmack

Zubereitung:

1. Die Avocados halbieren, den Kern entfernen und das Fruchtfleisch auslöffeln.
2. Die Knoblauchzehe schälen und fein hacken.
3. Avocado, Knoblauch, Limettensaft und Joghurt in einen Mixer geben.
4. Alles zu einer glatten, cremigen Konsistenz pürieren.
5. Mit Salz und Pfeffer abschmecken.
6. Sofort servieren oder im Kühlschrank aufbewahren.

Nährwerte pro Portion:

- Kalorien: 180
- Fett: 15g
- Kohlenhydrate: 10g
- Eiweiß: 2g
- Ballaststoffe: 7g

Zartes Püree aus Süßkartoffeln

Portionen: 4

Zutaten:

- 4 große Süßkartoffeln
- 2 EL Butter
- 100 ml Sahne (oder pflanzliche Alternative)
- Salz und Pfeffer nach Geschmack
- 1 TL Ahornsirup (optional)

Zubereitung:

1. Die Süßkartoffeln schälen und in Stücke schneiden.
2. Die Süßkartoffeln in einem Topf mit Salzwasser kochen, bis sie weich sind (ca. 15-20 Minuten).
3. Die Süßkartoffeln abgießen und in einen Mixer oder eine Küchenmaschine geben.
4. Butter und Sahne hinzufügen und alles zu einer glatten, cremigen Konsistenz pürieren.
5. Mit Salz, Pfeffer und Ahornsirup abschmecken.
6. Sofort servieren.

Nährwerte pro Portion:- Kalorien: 200- Fett: 8g- Kohlenhydrate: 30g

- Eiweiß: 2g- Ballaststoffe: 5g

Weiche Frittata mit Gemüse

Portionen: 4

Zutaten:

- 6 Eier
- 1/2 Tasse Milch (oder pflanzliche Alternative)
- 1 Zwiebel
- 1 rote Paprika
- 1 Zucchini
- 1 Tasse Babyspinat
- 2 EL Olivenöl
- Salz und Pfeffer nach Geschmack
- 1/4 Tasse geriebener Käse (optional)

Zubereitung:

1. Die Zwiebel, Paprika und Zucchini klein schneiden.

2. Das Olivenöl in einer Pfanne erhitzen und die Zwiebel darin anbraten, bis sie weich ist.

3. Die Paprika und Zucchini hinzufügen und etwa 5 Minuten mitbraten.

4. Den Babyspinat hinzufügen und kurz zusammenfallen lassen.

5. Die Eier mit der Milch in einer Schüssel verquirlen, mit Salz und Pfeffer würzen.

6. Die Eiermischung über das Gemüse in der Pfanne gießen und gleichmäßig verteilen.

7. Bei mittlerer Hitze stocken lassen, ohne zu rühren, bis die Frittata fest, aber noch weich ist (ca. 10-15 Minuten). Nach Belieben geriebenen Käse darüber streuen.

8. Die Frittata kann warm oder bei Raumtemperatur serviert werden.

****Nährwerte pro Portion:****- Kalorien: 200- Fett: 15g- Kohlenhydrate: 5g- Eiweiß: 10g- Ballaststoffe: 2g

Pürierte Bohnen mit Olivenöl

Portionen: 4

Zutaten:**

- 2 Dosen weiße Bohnen (je 400 g)

- 2 EL Olivenöl

- 1 Knoblauchzehe

- Saft einer halben Zitrone

- Salz und Pfeffer nach Geschmack

- 1 TL frische Rosmarinnadeln (optional)

Zubereitung:

1. Die Bohnen abgießen und abspülen.

2. Die Knoblauchzehe schälen und hacken.

3. Die Bohnen, Olivenöl, Knoblauch und Zitronensaft in einen Mixer geben.

4. Alles zu einer glatten, cremigen Konsistenz pürieren.

5. Mit Salz und Pfeffer abschmecken und nach Belieben mit frischem Rosmarin garnieren.

****Nährwerte pro Portion:****- Kalorien: 180- Fett: 8g- Kohlenhydrate: 20g- Eiweiß: 6g- Ballaststoffe: 6g

Sanfter Kartoffelsalat

Portionen: 4

Zutaten:

- 800 g Kartoffeln
- 1/2 Tasse griechischer Joghurt
- 2 EL Mayonnaise
- 1 EL Senf
- 2 Frühlingszwiebeln
- 1 EL frischer Dill, gehackt
- Salz und Pfeffer nach Geschmack

Zubereitung:

1. Die Kartoffeln schälen, in kleine Stücke schneiden und in Salzwasser kochen, bis sie weich sind (ca. 15-20 Minuten).

2. Die Kartoffeln abgießen und abkühlen lassen.

3. Den Joghurt, die Mayonnaise und den Senf in einer Schüssel verrühren.

4. Die Frühlingszwiebeln fein hacken und zusammen mit dem Dill zu der Joghurt-Mischung geben.

5. Die abgekühlten Kartoffeln vorsichtig unter die Joghurt-Mischung heben.

6. Mit Salz und Pfeffer abschmecken und servieren.

Nährwerte pro Portion:- Kalorien: 200- Fett: 8g- Kohlenhydrate: 30g- Eiweiß: 4g- Ballaststoffe: 3g

Weiche Zucchinifladen

Portionen: 4

Zutaten:

- 2 große Zucchini
- 1 Ei
- 1/2 Tasse Mehl
- 1/4 Tasse geriebener Parmesan
- 2 EL Olivenöl
- Salz und Pfeffer nach Geschmack
- 1 TL getrockneter Oregano (optional)

Zubereitung:

1. Die Zucchini reiben und die überschüssige Flüssigkeit ausdrücken.
2. Die Zucchini in eine Schüssel geben und mit Ei, Mehl, Parmesan, Salz, Pfeffer und Oregano vermischen.
3. Das Olivenöl in einer Pfanne erhitzen.
4. Esslöffelweise die Zucchinimischung in die Pfanne geben und zu Fladen formen.
5. Die Zucchinifladen bei mittlerer Hitze etwa 3-4 Minuten pro Seite goldbraun braten.
6. Warm servieren.

Nährwerte pro Portion:- Kalorien: 150- Fett: 10g- Kohlenhydrate: 10g- Eiweiß: 4g- Ballaststoffe: 2g

Cremiger Thunfischaufstrich

Portionen: 4

Zutaten:

- 1 Dose Thunfisch in Wasser (ca. 200 g)
- 3 EL Mayonnaise
- 2 EL griechischer Joghurt
- 1 TL Zitronensaft
- 1 TL Dijon-Senf
- Salz und Pfeffer nach Geschmack
- 1 EL frischer Dill, gehackt (optional)

Zubereitung:

1. Den Thunfisch abgießen und in eine Schüssel geben.
2. Mayonnaise, Joghurt, Zitronensaft und Senf hinzufügen.
3. Alles gut vermischen, bis eine cremige Konsistenz erreicht ist.
4. Mit Salz und Pfeffer abschmecken und nach Belieben Dill unterrühren.
5. Sofort servieren oder im Kühlschrank aufbewahren.

Nährwerte pro Portion:- Kalorien: 120- Fett: 8g- Kohlenhydrate: 1g- Eiweiß: 11g- Ballaststoffe: 0g

Regionale Küche

Weiche Ravioli in Tomatensauce

Portionen: 4

Zutaten:**

- 400 g Ravioli (mit Käse oder Spinat gefüllt)

- 1 Dose stückige Tomaten (400 g)

- 1 Zwiebel

- 2 Knoblauchzehen

- 2 EL Olivenöl

- 1 TL getrockneter Oregano

- 1 TL getrockneter Basilikum

- Salz und Pfeffer nach Geschmack

- 1/4 Tasse geriebener Parmesan (optional)

Zubereitung:

1. Die Zwiebel und den Knoblauch schälen und fein hacken.

2. Das Olivenöl in einem Topf erhitzen und die Zwiebel und den Knoblauch darin anbraten, bis sie weich sind.

3. Die stückigen Tomaten hinzufügen und mit Oregano, Basilikum, Salz und Pfeffer würzen. Etwa 15 Minuten köcheln lassen.

4. Die Ravioli nach Packungsanweisung in einem großen Topf mit Salzwasser kochen, bis sie weich sind.

5. Die Ravioli abgießen und in die Tomatensauce geben.

6. Alles gut vermischen und vor dem Servieren mit geriebenem Parmesan bestreuen.

Nährwerte pro Portion:- Kalorien: 350- Fett: 12g- Kohlenhydrate: 50g- Eiweiß: 12g- Ballaststoffe: 5g

Pürierter Coq au Vin

Portionen:** 4

Zutaten:**

- 600 g Hähnchenschenkel ohne Haut und Knochen
- 200 g Champignons
- 1 Zwiebel
- 2 Knoblauchzehen
- 2 Karotten
- 2 EL Tomatenmark
- 500 ml alkoholfrei Rotwein
- 250 ml Hühnerbrühe
- 2 EL Olivenöl
- 1 TL getrockneter Thymian
- 2 Lorbeerblätter
- Salz und Pfeffer nach Geschmack

Zubereitung:**

1. Die Hähnchenschenkel in große Stücke schneiden.

2. Die Champignons vierteln, die Zwiebel, den Knoblauch und die Karotten schälen und fein hacken.

3. Das Olivenöl in einem großen Topf erhitzen und das Hähnchen darin rundherum anbraten.

4. Das Hähnchen herausnehmen und beiseite stellen. Im gleichen Topf die Zwiebel, den Knoblauch, die Karotten und die Champignons anbraten.

5. Das Tomatenmark hinzufügen und kurz mitbraten.

6. Den Rotwein und die Hühnerbrühe hinzufügen, dann Thymian und Lorbeerblätter einrühren.

7. Das Hähnchen zurück in den Topf geben und alles zum Kochen bringen. Die Hitze reduzieren und zugedeckt etwa 45 Minuten köcheln lassen, bis das Hähnchen zart ist.

8. Die Lorbeerblätter entfernen und den Coq au Vin pürieren, bis eine glatte Konsistenz erreicht ist.

9. Mit Salz und Pfeffer abschmecken und servieren.

Nährwerte pro Portion:

- Kalorien: 400

- Fett: 15g

- Kohlenhydrate: 20g

- Eiweiß: 35g

- Ballaststoffe: 4g

Sanftes Paella mit Huhn und Meeresfrüchten

Portionen: 4

Zutaten:

- 200 g Hähnchenbrustfilets
- 200 g Garnelen (geschält und entdarmt)
- 200 g Miesmuscheln (gereinigt)
- 1 Tasse Paellareis (oder Rundkornreis)
- 1 Zwiebel
- 1 rote Paprika
- 2 Knoblauchzehen
- 1 Dose stückige Tomaten (400 g)
- 500 ml Hühnerbrühe
- 1 TL Paprikapulver
- 1 TL Safranfäden (in 2 EL warmem Wasser eingeweicht)
- 2 EL Olivenöl
- Salz und Pfeffer nach Geschmack
- Frische Petersilie zum Garnieren

Zubereitung:

1. Die Zwiebel, Paprika und Knoblauch schälen und fein hacken. Das Hähnchen in kleine Stücke schneiden.

2. Das Olivenöl in einer großen Pfanne erhitzen und die Zwiebel, den Knoblauch und die Paprika darin anbraten, bis sie weich sind.

3. Das Hähnchen hinzufügen und anbraten, bis es rundherum gebräunt ist.

4. Den Reis, Paprikapulver, Safran mit Einweichwasser und die stückigen Tomaten hinzufügen und gut vermischen.

5. Die Hühnerbrühe hinzufügen und alles zum Kochen bringen. Die Hitze reduzieren und etwa 15 Minuten köcheln lassen.

6. Garnelen und Miesmuscheln hinzufügen und weitere 10 Minuten köcheln lassen, bis der Reis gar und die Meeresfrüchte durchgegart sind.

7. Die Paella nach Belieben pürieren, bis eine glatte Konsistenz erreicht ist.

8. Mit Salz und Pfeffer abschmecken und mit frischer Petersilie garnieren.

Nährwerte pro Portion:

- Kalorien: 450

- Fett: 15g

- Kohlenhydrate: 50g

- Eiweiß: 30g

- Ballaststoffe: 4g

Zartes Lammkorma

Portionen:** 4

Zutaten:**

- 600 g Lammfleisch (Schulter oder Keule), in Würfel geschnitten
- 1 Zwiebel
- 2 Knoblauchzehen
- 1 Stück Ingwer (ca. 2 cm)
- 200 ml Kokosmilch
- 1 Tasse Joghurt (natur oder griechisch)
- 2 EL Tomatenmark
- 2 EL gemahlene Mandeln
- 2 EL Ghee oder Öl
- 1 TL Garam Masala
- 1 TL Kurkuma
- 1 TL Kreuzkümmel
- 1 TL Korianderpulver
- 1 TL Paprikapulver
- Salz und Pfeffer nach Geschmack
- Frischer Koriander zum Garnieren

Zubereitung:

1. Die Zwiebel, Knoblauch und Ingwer schälen und fein hacken.

2. Das Ghee in einem großen Topf erhitzen und die Zwiebel, den Knoblauch und den Ingwer darin anbraten, bis sie weich sind.

3. Die Gewürze (Garam Masala, Kurkuma, Kreuzkümmel, Korianderpulver und Paprikapulver) hinzufügen und kurz mitbraten.

4. Das Lammfleisch hinzufügen und rundherum anbraten.

5. Das Tomatenmark und die gemahlenen Mandeln einrühren.

6. Die Kokosmilch und den Joghurt hinzufügen, alles gut vermischen und zum Kochen bringen.

7. Die Hitze reduzieren und das Lammkorma zugedeckt etwa 1,5 Stunden köcheln lassen, bis das Fleisch sehr zart ist.

8. Das Lammkorma pürieren, bis eine glatte Konsistenz erreicht ist.

9. Mit Salz und Pfeffer abschmecken und mit frischem Koriander garnieren.

Nährwerte pro Portion:

- Kalorien: 500

- Fett: 30g

- Kohlenhydrate: 20g

- Eiweiß: 40g

- Ballaststoffe: 3g

Pürierte Moussaka

Portionen: 4

Zutaten:

- 2 Auberginen
- 2 Kartoffeln
- 500 g Hackfleisch (Rind oder Lamm)
- 1 Zwiebel
- 2 Knoblauchzehen
- 1 Dose stückige Tomaten (400 g)
- 1 TL Zimt
- 1 TL Oregano
- 2 EL Olivenöl
- Salz und Pfeffer nach Geschmack

Für die Béchamelsauce:

- 50 g Butter
- 50 g Mehl
- 500 ml Milch (oder pflanzliche Alternative)
- 1/4 Tasse geriebener Parmesan
- Salz und Pfeffer nach Geschmack
- Muskatnuss (optional)

Zubereitung:

1. Die Auberginen und Kartoffeln in dünne Scheiben schneiden. Die Auberginen leicht salzen und 30 Minuten ziehen lassen, dann abspülen und trocken tupfen.

2. Die Zwiebel und den Knoblauch schälen und fein hacken.

3. Das Olivenöl in einer Pfanne erhitzen und die Zwiebel und den Knoblauch darin anbraten, bis sie weich sind.

4. Das Hackfleisch hinzufügen und anbraten, bis es braun ist.

5. Die stückigen Tomaten, Zimt, Oregano, Salz und Pfeffer hinzufügen und etwa 20 Minuten köcheln lassen.

6. Währenddessen die Auberginen- und Kartoffelscheiben in einer Pfanne mit etwas Olivenöl anbraten, bis sie weich sind.

7. Für die Béchamelsauce die Butter in einem Topf schmelzen, das Mehl hinzufügen und unter ständigem Rühren etwa 2 Minuten anschwitzen.

8. Nach und nach die Milch einrühren und dabei ständig rühren, bis die Sauce eindickt.

9. Den geriebenen Parmesan hinzufügen und mit Salz, Pfeffer und Muskatnuss abschmecken.

10. In einer Auflaufform die Hälfte der Auberginen- und Kartoffelscheiben verteilen, die Hackfleischsauce darüber geben und mit den restlichen Auberginen- und Kartoffelscheiben bedecken. Die Béchamelsauce darüber gießen.

11. Im vorgeheizten Ofen bei 180°C etwa 30-40 Minuten backen, bis die Oberseite goldbraun ist.

12. Die Moussaka nach dem Backen pürieren, bis eine glatte Konsistenz erreicht ist.

13. Mit Salz und Pfeffer abschmecken und servieren.

****Nährwerte pro Portion:****- Kalorien: 450- Fett: 25g- Kohlenhydrate: 30g- Eiweiß: 25g- Ballaststoffe: 6g

Weicher Fischauflauf

Portionen: 4

Zutaten:

- 500 g Fischfilets (z.B. Kabeljau oder Seelachs)
- 2 Kartoffeln
- 2 Karotten
- 1 Zwiebel
- 200 ml Sahne (oder pflanzliche Alternative)
- 2 EL Butter
- 1/2 Tasse geriebener Käse (z.B. Cheddar oder Gouda)
- Salz und Pfeffer nach Geschmack
- 1 TL Zitronensaft
- Frische Petersilie zum Garnieren

Zubereitung:

1. Die Kartoffeln und Karotten schälen und in kleine Stücke schneiden.

2. Die Kartoffeln und Karotten in Salzwasser kochen, bis sie weich sind (ca. 15-20 Minuten).

3. Die Zwiebel schälen und fein hacken.

4. Die Butter in einer Pfanne erhitzen und die Zwiebel darin anbraten, bis sie weich ist.

5. Die gekochten Kartoffeln und Karotten abgießen und zusammen mit der Zwiebel pürieren, bis eine glatte Masse entsteht. Mit Salz und Pfeffer abschmecken.

6. Die Fischfilets in eine gefettete Auflaufform legen und mit Zitronensaft beträufeln. Mit Salz und Pfeffer würzen.

7. Die pürierten Kartoffeln und Karotten über den Fisch verteilen.

8. Die Sahne darüber gießen und den geriebenen Käse darauf streuen.

9. Im vorgeheizten Ofen bei 180°C etwa 25-30 Minuten backen, bis der Käse goldbraun ist.

10. Mit frischer Petersilie garnieren und servieren.

****Nährwerte pro Portion:****

- Kalorien: 350

- Fett: 20g

- Kohlenhydrate: 20g

- Eiweiß: 20g

- Ballaststoffe: 3g

Cremiger Risotto

Portionen: 4

Zutaten:**

- 1 Tasse Arborio-Reis
- 1 Zwiebel
- 2 Knoblauchzehen
- 4 Tassen Gemüsebrühe
- 1/2 Tasse alkoholfrei Weißwein (optional)
- 1/2 Tasse geriebener Parmesan
- 2 EL Butter
- 2 EL Olivenöl
- Salz und Pfeffer nach Geschmack
- Frische Petersilie zum Garnieren

Zubereitung:

1. Die Zwiebel und den Knoblauch schälen und fein hacken.
2. Die Gemüsebrühe in einem Topf erhitzen und warm halten.
3. Das Olivenöl und 1 EL Butter in einem großen Topf erhitzen und die Zwiebel und den Knoblauch darin anbraten, bis sie weich sind.
4. Den Arborio-Reis hinzufügen und kurz mitrühren, bis er glasig ist.
5. Den Weißwein hinzufügen und 3-4 min köcheln lassen

6. Nach und nach die warme Gemüsebrühe hinzufügen, jeweils eine Kelle auf einmal, und dabei ständig rühren. Erst die nächste Kelle Brühe hinzufügen, wenn die vorherige aufgesogen ist.

7. Den Reis etwa 20 Minuten köcheln lassen, bis er weich und cremig ist.

8. Den geriebenen Parmesan und die restliche Butter unterrühren.

9. Mit Salz und Pfeffer abschmecken und mit frischer Petersilie garnieren.

****Nährwerte pro Portion:****- Kalorien: 350- Fett: 15g- Kohlenhydrate: 45g- Eiweiß: 10g- Ballaststoffe: 2g

Pürierter Couscous-Salat

Portionen: 4

Zutaten:**

- 1 Tasse Couscous

- 1 Tasse Gemüsebrühe

- 1 Gurke

- 2 Tomaten

- 1 rote Paprika

- 1/4 Tasse Olivenöl

- Saft einer Zitrone

- 1 TL Kreuzkümmel

- Salz und Pfeffer nach Geschmack

- Frische Minze oder Petersilie zum Garnieren

Zubereitung:

1. Die Gemüsebrühe in einem Topf zum Kochen bringen. Den Couscous hinzufügen, den Topf vom Herd nehmen und zugedeckt etwa 5 Minuten quellen lassen.

2. Die Gurke, Tomaten und Paprika klein schneiden.

3. Den gequollenen Couscous mit einer Gabel auflockern und zusammen mit dem Gemüse in einen Mixer geben.

4. Olivenöl, Zitronensaft, Kreuzkümmel, Salz und Pfeffer hinzufügen.

5. Alles zu einer glatten, cremigen Konsistenz pürieren.

6. Mit frischer Minze oder Petersilie garnieren und servieren.

Nährwerte pro Portion:

- Kalorien: 250

- Fett: 14g

- Kohlenhydrate: 27g

- Eiweiß: 4g

- Ballaststoffe: 4g

Weiche Polenta mit Rinderragout

Portionen: 4

Zutaten für die Polenta:

- 1 Tasse Polentagriess
- 4 Tassen Wasser
- 1 Tasse Milch (oder pflanzliche Alternative)
- 2 EL Butter
- 1/2 Tasse geriebener Parmesan
- Salz und Pfeffer nach Geschmack

Zutaten für das Rinderragout:

- 600 g Rinderschmorbraten
- 1 Zwiebel
- 2 Karotten
- 2 Knoblauchzehen
- 500 ml Rinderbrühe
- 200 ml roter Traubensaft (optional)
- 2 EL Tomatenmark
- 2 EL Olivenöl
- 1 TL Thymian
- Salz und Pfeffer nach Geschmack

Zubereitung:

1. Das Rindfleisch in große Würfel schneiden. Die Zwiebel, Karotten und Knoblauch schälen und klein schneiden.

2. Das Olivenöl in einem großen Topf erhitzen und das Rindfleisch darin rundherum anbraten.

3. Die Zwiebel, Karotten und Knoblauch hinzufügen und mitbraten.

4. Das Tomatenmark einrühren und kurz mitbraten.

5. Die Rinderbrühe und den Saft (falls verwendet) hinzufügen. Thymian, Salz und Pfeffer hinzufügen.

6. Alles zugedeckt bei geringer Hitze etwa 2 Stunden schmoren lassen, bis das Fleisch zart ist.

7. In der Zwischenzeit das Wasser in einem großen Topf zum Kochen bringen. Salz hinzufügen.

8. Den Polentagriess langsam einrieseln lassen und dabei ständig rühren, um Klumpen zu vermeiden.

9. Die Hitze reduzieren und die Polenta unter häufigem Rühren etwa 20-25 Minuten köcheln lassen, bis sie weich und cremig ist.

10. Die Milch und die Butter einrühren und den geriebenen Parmesan hinzufügen. Mit Salz und Pfeffer abschmecken.

11. Das Rinderragout nach dem Schmoren pürieren, bis eine glatte Konsistenz erreicht ist.

12. Die weiche Polenta auf Tellern anrichten und das pürierte Rinderragout darüber geben.

Nährwerte pro Portion:- Kalorien: 450- Fett: 25g- Kohlenhydrate: 35g- Eiweiß: 25g- Ballaststoffe: 4g

Pürierte Tortilla Española

Portionen:** 4

Zutaten:**

- 4 große Kartoffeln
- 1 Zwiebel
- 6 Eier
- 1/2 Tasse Milch (oder pflanzliche Alternative)
- 4 EL Olivenöl
- Salz und Pfeffer nach Geschmack

Zubereitung:

1. Die Kartoffeln schälen und in dünne Scheiben schneiden. Die Zwiebel schälen und fein hacken.

2. 2 EL Olivenöl in einer großen Pfanne erhitzen und die Kartoffeln darin bei mittlerer Hitze braten, bis sie weich sind. Die Zwiebel hinzufügen und mitbraten, bis sie weich ist.

3. Die Eier in einer Schüssel verquirlen und die Milch hinzufügen. Mit Salz und Pfeffer würzen.

4. Die Kartoffeln und Zwiebeln in die Eiermischung geben und gut vermischen.

5. Das restliche Olivenöl in der Pfanne erhitzen und die Eier-Kartoffel-Mischung hineingeben. Bei mittlerer Hitze stocken lassen, ohne zu rühren, bis die Tortilla fest ist (ca. 10-15 Minuten).

6. Die Tortilla nach dem Garen in Stücke schneiden und in einem Mixer pürieren, bis eine glatte Konsistenz erreicht ist.

7. Mit Salz und Pfeffer abschmecken und servieren.

Nährwerte pro Portion:

- Kalorien: 300
- Fett: 20g
- Kohlenhydrate: 20g
- Eiweiß: 10g
- Ballaststoffe: 2g

Vegetarische Gerichte

Cremiger Linseneintopf

Portionen: 4

Zutaten:**

- 1 Tasse rote Linsen
- 1 Zwiebel
- 2 Karotten
- 2 Knoblauchzehen
- 4 Tassen Gemüsebrühe
- 1 Dose Kokosmilch (400 ml)
- 2 EL Tomatenmark
- 1 TL Kreuzkümmel
- 1 TL Korianderpulver
- 2 EL Olivenöl
- Salz und Pfeffer nach Geschmack
- Frische Korianderblätter zum Garnieren

Zubereitung:

1. Die Zwiebel, Karotten und Knoblauch schälen und fein hacken.

2. Das Olivenöl in einem großen Topf erhitzen und die Zwiebel und den Knoblauch darin anbraten, bis sie weich sind.

3. Die Karotten hinzufügen und kurz mitbraten.

4. Die Linsen, Gemüsebrühe, Tomatenmark, Kreuzkümmel und Korianderpulver hinzufügen und alles zum Kochen bringen.

5. Die Hitze reduzieren und etwa 20 Minuten köcheln lassen, bis die Linsen und Karotten weich sind.

6. Die Kokosmilch hinzufügen und den Eintopf pürieren, bis eine glatte Konsistenz erreicht ist.

7. Mit Salz und Pfeffer abschmecken und mit frischen Korianderblättern garnieren.

Nährwerte pro Portion:

- Kalorien: 300

- Fett: 12g

- Kohlenhydrate: 35g

- Eiweiß: 12g

- Ballaststoffe: 8g

Pürierter Gemüsecurry

Portionen: 4

Zutaten:

- 1 Zwiebel
- 2 Knoblauchzehen
- 1 Stück Ingwer (ca. 2 cm)
- 2 Karotten
- 1 rote Paprika
- 1 Zucchini
- 1 Dose Kokosmilch (400 ml)
- 1 Tasse Gemüsebrühe
- 2 EL Currypaste (gelb oder rot)
- 2 EL Olivenöl
- Salz und Pfeffer nach Geschmack
- Frische Korianderblätter zum Garnieren

Zubereitung:

1. Die Zwiebel, Knoblauch und Ingwer schälen und fein hacken. Die Karotten, Paprika und Zucchini in kleine Stücke schneiden.

2. Das Olivenöl in einem großen Topf erhitzen und die Zwiebel, den Knoblauch und den Ingwer darin anbraten, bis sie weich sind.

3. Die Karotten, Paprika und Zucchini hinzufügen und kurz mitbraten.

4. Die Currypaste einrühren und kurz anrösten.

5. Die Kokosmilch und Gemüsebrühe hinzufügen und alles zum Kochen bringen.

6. Die Hitze reduzieren und etwa 15-20 Minuten köcheln lassen, bis das Gemüse weich ist.

7. Das Gemüsecurry pürieren, bis eine glatte Konsistenz erreicht ist.

8. Mit Salz und Pfeffer abschmecken und mit frischen Korianderblättern garnieren.

Nährwerte pro Portion:- Kalorien: 250- Fett: 15g- Kohlenhydrate: 25g- Eiweiß: 4g- Ballaststoffe: 6g

Weiche Spinat-Lasagne

Portionen: 4

Zutaten:**

- 500 g frischer Spinat
- 1 Zwiebel
- 2 Knoblauchzehen
- 250 g Ricotta
- 1 Ei
- 200 g Lasagneblätter (vorgekocht oder frische)
- 500 ml Béchamelsauce
- 2 EL Olivenöl
- Salz und Pfeffer nach Geschmack
- 1/2 Tasse geriebener Parmesan

Zubereitung:

1. Den Spinat waschen und grob hacken. Die Zwiebel und den Knoblauch schälen und fein hacken.

2. Das Olivenöl in einer Pfanne erhitzen und die Zwiebel und den Knoblauch darin anbraten, bis sie weich sind.

3. Den Spinat hinzufügen und kurz mitbraten, bis er zusammenfällt. Mit Salz und Pfeffer abschmecken und abkühlen lassen.

4. In einer Schüssel den Ricotta, das Ei und den abgekühlten Spinat vermischen.

5. Eine Auflaufform leicht einfetten und eine Schicht Béchamelsauce auf den Boden geben.

6. Eine Schicht Lasagneblätter darauflegen, gefolgt von einer Schicht Spinat-Ricotta-Mischung und einer weiteren Schicht Béchamelsauce. Wiederholen, bis alle Zutaten aufgebraucht sind, und mit einer Schicht Béchamelsauce abschließen.

7. Den geriebenen Parmesan darüber streuen.

8. Im vorgeheizten Ofen bei 180°C etwa 30 Minuten backen, bis die Lasagne goldbraun und sprudelnd ist.

9. Die Lasagne nach dem Backen pürieren, bis eine glatte Konsistenz erreicht ist.

Nährwerte pro Portion:

- Kalorien: 400

- Fett: 20g

- Kohlenhydrate: 35g

- Eiweiß: 15g

- Ballaststoffe: 4g

Zarte Kürbisgnocchi

Portionen: 4

Zutaten:**

- 1 kleiner Hokkaido-Kürbis

- 200 g Ricotta

- 1 Ei

- 1/2 Tasse geriebener Parmesan

- 1 1/2 Tassen Mehl

- Salz und Pfeffer nach Geschmack

- 2 EL Butter

- 6 Salbeiblätter (optional)

Zubereitung:**

1. Den Kürbis schälen, entkernen und in Stücke schneiden. In Salzwasser kochen, bis er weich ist (ca. 15-20 Minuten).

2. Den gekochten Kürbis abgießen und pürieren.

3. Das Kürbispüree mit Ricotta, Ei, Parmesan, Mehl, Salz und Pfeffer vermischen, bis ein glatter Teig entsteht.

4. Den Teig auf einer bemehlten Fläche in lange Schlangen rollen und in kleine Stücke schneiden.

5. Die Gnocchi in kochendem Salzwasser garen, bis sie an die Oberfläche steigen (ca. 2-3 Minuten). Abtropfen lassen.

6. Die Butter in einer Pfanne schmelzen und die Salbeiblätter hinzufügen. Die Gnocchi darin schwenken, bis sie leicht gebräunt sind.

7. Die Gnocchi nach Belieben pürieren, bis eine glatte Konsistenz erreicht ist.

****Nährwerte pro Portion:**** - Kalorien: 350- Fett: 15g- Kohlenhydrate: 40g- Eiweiß: 12g- Ballaststoffe: 5g

Pürierter Blumenkohlauflauf

Portionen:** 4

Zutaten:**

- 1 großer Blumenkohlkopf
- 2 EL Butter
- 100 ml Sahne (oder pflanzliche Alternative)
- 1/2 Tasse geriebener Cheddar
- Salz und Pfeffer nach Geschmack
- 1/4 Tasse Semmelbrösel (optional)
- 1/4 Tasse geriebener Parmesan

****Zubereitung:****

1. Den Blumenkohl in Röschen teilen und in Salzwasser kochen, bis er weich ist (ca. 15-20 Minuten).

2. Den gekochten Blumenkohl abgießen und zusammen mit Butter und Sahne pürieren, bis eine glatte Masse entsteht. Mit Salz und Pfeffer abschmecken.

3. Die Blumenkohlmischung in eine gefettete Auflaufform geben.

4. Den geriebenen Cheddar gleichmäßig darüber streuen.

5. Optional die Semmelbrösel mit dem Parmesan vermischen und über den Blumenkohl streuen.

6. Im vorgeheizten Ofen bei 180°C etwa 20 Minuten backen, bis der Auflauf goldbraun ist.

7. Den Auflauf nach dem Backen pürieren, bis eine glatte Konsistenz erreicht ist.

****Nährwerte pro Portion:****- Kalorien: 300- Fett: 20g- Kohlenhydrate: 15g- Eiweiß: 10g- Ballaststoffe: 4g

Sanfte Erbsenbällchen

Portionen: 4

Zutaten:

- 2 Tassen gefrorene Erbsen
- 1/2 Tasse Haferflocken
- 1/2 Tasse geriebener Parmesan
- 1 Ei
- 1 Knoblauchzehe
- 1 EL Olivenöl
- Salz und Pfeffer nach Geschmack
- 1 TL Zitronensaft
- 1/4 Tasse frische Petersilie, gehackt

Zubereitung:

1. Die Erbsen in kochendem Wasser etwa 5 Minuten garen, bis sie weich sind. Abgießen und abkühlen lassen.

2. Die Haferflocken in einem Mixer oder einer Küchenmaschine fein mahlen.

3. Die abgekühlten Erbsen, Haferflocken, geriebenen Parmesan, Ei, Knoblauch, Olivenöl, Salz, Pfeffer, Zitronensaft und Petersilie in den Mixer oder die Küchenmaschine geben.

4. Alles zu einer glatten Masse pürieren.

5. Aus der Masse kleine Bällchen formen und auf ein Backblech legen.

6. Im vorgeheizten Ofen bei 180°C etwa 15-20 Minuten backen, bis die Bällchen leicht gebräunt sind.

Nährwerte pro Portion:- Kalorien: 180- Fett: 7g- Kohlenhydrate: 20g- Eiweiß: 9g- Ballaststoffe: 5g

Pürierte Gemüse-Tajine

Portionen: 4

Zutaten:

- 1 Zwiebel
- 2 Knoblauchzehen
- 2 Karotten
- 1 Zucchini
- 1 rote Paprika
- 1 Süßkartoffel
- 1 Dose Kichererbsen (400 g)
- 2 Tassen Gemüsebrühe
- 1 Dose stückige Tomaten (400 g)
- 2 EL Olivenöl
- 1 TL Kreuzkümmel
- 1 TL Korianderpulver
- 1 TL Zimt
- 1 TL Paprikapulver
- Salz und Pfeffer nach Geschmack
- Frische Korianderblätter zum Garnieren

Zubereitung:

1. Die Zwiebel, Knoblauch, Karotten, Zucchini, Paprika und Süßkartoffel schälen und klein schneiden.

2. Das Olivenöl in einem großen Topf erhitzen und die Zwiebel und den Knoblauch darin anbraten, bis sie weich sind.

3. Die Karotten, Zucchini, Paprika und Süßkartoffel hinzufügen und kurz mitbraten.

4. Die Gewürze (Kreuzkümmel, Koriander, Zimt, Paprikapulver) einrühren und kurz anrösten.

5. Die Kichererbsen, Gemüsebrühe und die stückigen Tomaten hinzufügen. Alles zum Kochen bringen und dann die Hitze reduzieren.

6. Etwa 25-30 Minuten köcheln lassen, bis das Gemüse weich ist.

7. Die Tajine nach dem Garen pürieren, bis eine glatte Konsistenz erreicht ist.

8. Mit Salz und Pfeffer abschmecken und mit frischen Korianderblättern garnieren.

Nährwerte pro Portion:

- Kalorien: 300

- Fett: 10g

- Kohlenhydrate: 45g

- Eiweiß: 8g

- Ballaststoffe: 10g

Weiche Quinoa mit Gemüse

Portionen: 4

Zutaten:**

- 1 Tasse Quinoa
- 2 Tassen Gemüsebrühe
- 1 Zucchini
- 1 rote Paprika
- 1 Karotte
- 1 Zwiebel
- 2 EL Olivenöl
- Salz und Pfeffer nach Geschmack
- 1 TL getrockneter Oregano

Zubereitung:

1. Die Quinoa in einem Sieb abspülen und in einem Topf mit der Gemüsebrühe zum Kochen bringen. Die Hitze reduzieren und etwa 15 Minuten köcheln lassen, bis die Quinoa weich ist und die Flüssigkeit aufgenommen hat.

2. Die Zucchini, Paprika, Karotte und Zwiebel klein schneiden.

3. Das Olivenöl in einer Pfanne erhitzen und die Zwiebel darin anbraten, bis sie weich ist.

4. Die Karotte, Paprika und Zucchini hinzufügen und etwa 5-7 Minuten mitbraten, bis das Gemüse weich ist.

5. Die gekochte Quinoa unter das Gemüse mischen und mit Salz, Pfeffer und Oregano abschmecken.

6. Nach Belieben die Mischung pürieren, bis eine weiche Konsistenz erreicht ist.

Nährwerte pro Portion:

- Kalorien: 250
- Fett: 10g
- Kohlenhydrate: 35g
- Eiweiß: 7g
- Ballaststoffe: 5g

Pürierte Tomaten-Basilikum-Pasta

Portionen: 4

Zutaten:**

- 400 g Pasta (z.B. Spaghetti oder Fusilli)
- 1 Dose stückige Tomaten (400 g)
- 1 Zwiebel
- 2 Knoblauchzehen
- 2 EL Olivenöl
- 1/2 Tasse frische Basilikumblätter
- Salz und Pfeffer nach Geschmack
- 1/4 Tasse geriebener Parmesan (optional)

Zubereitung:

1. Die Pasta nach Packungsanweisung in einem großen Topf mit Salzwasser kochen, bis sie weich ist.

2. Währenddessen die Zwiebel und den Knoblauch schälen und fein hacken.

3. Das Olivenöl in einer Pfanne erhitzen und die Zwiebel und den Knoblauch darin anbraten, bis sie weich sind.

4. Die stückigen Tomaten hinzufügen und etwa 10 Minuten köcheln lassen.

5. Die Basilikumblätter hinzufügen und die Sauce pürieren, bis eine glatte Konsistenz erreicht ist.

6. Mit Salz und Pfeffer abschmecken.

7. Die gekochte Pasta abgießen und mit der pürierten Tomatensauce vermischen.

8. Nach Belieben mit geriebenem Parmesan bestreuen und servieren.

Nährwerte pro Portion:

- Kalorien: 350

- Fett: 12g

- Kohlenhydrate: 50g

- Eiweiß: 10g

- Ballaststoffe: 4g

Cremiger Brokkoliauflauf

Portionen: 4

Zutaten:**

- 1 großer Brokkolikopf
- 2 EL Butter
- 100 ml Sahne (oder pflanzliche Alternative)
- 1/2 Tasse geriebener Cheddar
- Salz und Pfeffer nach Geschmack
- 1/4 Tasse Semmelbrösel (optional)
- 1/4 Tasse geriebener Parmesan

Zubereitung:

1. Den Brokkoli in Röschen teilen und in Salzwasser kochen, bis er weich ist (ca. 15-20 Minuten).

2. Den gekochten Brokkoli abgießen und zusammen mit Butter und Sahne pürieren, bis eine glatte Masse entsteht. Mit Salz und Pfeffer abschmecken.

3. Die Brokkolimischung in eine gefettete Auflaufform geben.

4. Den geriebenen Cheddar gleichmäßig darüber streuen.

5. Optional die Semmelbrösel mit dem Parmesan vermischen und über den Brokkoli streuen.

6. Im vorgeheizten Ofen bei 180°C etwa 20 Minuten backen, bis der Auflauf goldbraun ist.

7. Den Auflauf nach dem Backen pürieren, bis eine glatte Konsistenz erreicht ist.

Nährwerte pro Portion:- Kalorien: 300- Fett: 20g- Kohlenhydrate: 15g- Eiweiß: 10g- Ballaststoffe: 4g

Pürierte Kichererbsen mit Avocado

Portionen: 4

Zutaten:**

- 1 Dose Kichererbsen (400 g)

- 2 reife Avocados

- 1 Knoblauchzehe

- Saft einer Zitrone

- 2 EL Olivenöl

- Salz und Pfeffer nach Geschmack

- 1/4 Tasse frische Korianderblätter (optional)

Zubereitung:

1. Die Kichererbsen abgießen und abspülen.

2. Die Avocados halbieren, den Kern entfernen und das Fruchtfleisch auslöffeln.

3. Die Kichererbsen, Avocados, Knoblauch, Zitronensaft und Olivenöl in einen Mixer oder eine Küchenmaschine geben.

4. Alles zu einer glatten, cremigen Konsistenz pürieren.

5. Mit Salz und Pfeffer abschmecken.

6. Nach Belieben mit frischen Korianderblättern garnieren und servieren.

Nährwerte pro Portion:- Kalorien: 220- Fett: 14g- Kohlenhydrate: 20g- Eiweiß: 4g- Ballaststoffe: 7g

Sanftes Tofu-Curry

Portionen: 4

Zutaten:

- 400 g fester Tofu
- 1 Zwiebel
- 2 Knoblauchzehen
- 1 Stück Ingwer (ca. 2 cm)
- 1 rote Paprika
- 1 Zucchini
- 1 Dose Kokosmilch (400 ml)
- 2 EL Currypaste (gelb oder rot)
- 2 EL Olivenöl
- Salz und Pfeffer nach Geschmack
- Frische Korianderblätter zum Garnieren

Zubereitung:

1. Den Tofu in Würfel schneiden. Die Zwiebel, Knoblauch und Ingwer schälen und fein hacken. Die Paprika und Zucchini in kleine Stücke schneiden.

2. Das Olivenöl in einer großen Pfanne erhitzen und die Zwiebel, den Knoblauch und den Ingwer darin anbraten, bis sie weich sind.

3. Die Paprika und Zucchini hinzufügen und etwa 5 Minuten mitbraten.

4. Die Currypaste einrühren und kurz anrösten.

5. Die Kokosmilch hinzufügen und alles zum Kochen bringen.

6. Den Tofu hinzufügen und das Curry bei niedriger Hitze etwa 10-15 Minuten köcheln lassen, bis das Gemüse weich ist.

7. Das Curry nach dem Garen pürieren, bis eine glatte Konsistenz erreicht ist.

8. Mit Salz und Pfeffer abschmecken und mit frischen Korianderblättern garnieren.

Nährwerte pro Portion:

- Kalorien: 300

- Fett: 20g

- Kohlenhydrate: 15g

- Eiweiß: 12g

- Ballaststoffe: 4g

Pürierter Süßkartoffel-Eintopf

Portionen: 4

Zutaten:

- 2 große Süßkartoffeln
- 1 Zwiebel
- 2 Knoblauchzehen
- 1 rote Paprika
- 1 Dose stückige Tomaten (400 g)
- 4 Tassen Gemüsebrühe
- 1 TL Kreuzkümmel
- 1 TL Paprikapulver
- 2 EL Olivenöl
- Salz und Pfeffer nach Geschmack
- Frische Petersilie zum Garnieren

Zubereitung:

1. Die Süßkartoffeln schälen und in kleine Stücke schneiden. Die Zwiebel, Knoblauch und Paprika schälen und fein hacken.

2. Das Olivenöl in einem großen Topf erhitzen und die Zwiebel und den Knoblauch darin anbraten, bis sie weich sind.

3. Die Paprika hinzufügen und etwa 5 Minuten mitbraten.

4. Die Süßkartoffeln, stückige Tomaten, Gemüsebrühe, Kreuzkümmel und Paprikapulver hinzufügen und alles zum Kochen bringen.

5. Die Hitze reduzieren und etwa 20-25 Minuten köcheln lassen, bis die Süßkartoffeln weich sind.

6. Den Eintopf nach dem Garen pürieren, bis eine glatte Konsistenz erreicht ist.

7. Mit Salz und Pfeffer abschmecken und mit frischer Petersilie garnieren.

Nährwerte pro Portion:- Kalorien: 250- Fett: 10g- Kohlenhydrate: 35g- Eiweiß: 4g- Ballaststoffe: 6g

Weiche Linsenfrikadellen

Portionen: 4

Zutaten:**

- 1 Tasse grüne oder braune Linsen
- 1 Zwiebel
- 2 Knoblauchzehen
- 1 Karotte
- 1/2 Tasse Haferflocken
- 2 EL Tomatenmark
- 2 EL Sojasauce
- 1 TL Kreuzkümmel
- 1 TL Paprikapulver
- 2 EL Olivenöl
- Salz und Pfeffer nach Geschmack

Zubereitung:**

1. Die Linsen nach Packungsanweisung in Wasser kochen, bis sie weich sind. Abgießen und abkühlen lassen.

2. Die Zwiebel, Knoblauch und Karotte schälen und fein hacken.

3. Das Olivenöl in einer Pfanne erhitzen und die Zwiebel, den Knoblauch und die Karotte darin anbraten, bis sie weich sind.

4. Die gekochten Linsen, Haferflocken, Tomatenmark, Sojasauce, Kreuzkümmel und Paprikapulver in eine große Schüssel geben.

5. Die angebratenen Zwiebeln, Knoblauch und Karotten hinzufügen und alles zu einer glatten Masse pürieren.

6. Mit Salz und Pfeffer abschmecken und aus der Masse kleine Frikadellen formen.

7. Die Frikadellen auf ein Backblech legen und im vorgeheizten Ofen bei 180°C etwa 20 Minuten backen, bis sie leicht gebräunt sind.

Nährwerte pro Portion:

- Kalorien: 220

- Fett: 8g

- Kohlenhydrate: 30g

- Eiweiß: 9g

- Ballaststoffe: 8g

Pürierte Auberginen-Pasta

Portionen: 4

Zutaten:

- 2 große Auberginen
- 1 Zwiebel
- 2 Knoblauchzehen
- 1 Dose stückige Tomaten (400 g)
- 1/2 Tasse frische Basilikumblätter
- 2 EL Olivenöl
- Salz und Pfeffer nach Geschmack
- 400 g Pasta (z.B. Penne oder Fusilli)

Zubereitung:

1. Die Auberginen in Würfel schneiden und salzen. Etwa 30 Minuten ziehen lassen, dann abspülen und trocken tupfen.

2. Die Zwiebel und den Knoblauch schälen und fein hacken.

3. Das Olivenöl in einer großen Pfanne erhitzen und die Zwiebel und den Knoblauch darin anbraten, bis sie weich sind.

4. Die Auberginenwürfel hinzufügen und etwa 10 Minuten mitbraten, bis sie weich sind.

5. Die stückigen Tomaten hinzufügen und etwa 10 Minuten köcheln lassen.

6. Die Basilikumblätter hinzufügen und die Sauce pürieren, bis eine glatte Konsistenz erreicht ist.

7. Die Sauce mit Salz und Pfeffer abschmecken.

8. Die Pasta nach Packungsanweisung in einem großen Topf mit Salzwasser kochen, bis sie weich ist. Abgießen und mit der pürierten Auberginensauce vermischen.

9. Sofort servieren.

Nährwerte pro Portion:

- Kalorien: 350

- Fett: 10g

- Kohlenhydrate: 55g

- Eiweiß: 10g

- Ballaststoffe: 10g

Zartes Gemüse-Stroganoff

Portionen: 4

Zutaten:

- 1 Zwiebel

- 2 Knoblauchzehen

- 200 g Champignons

- 1 rote Paprika

- 1 Zucchini

- 2 Karotten

- 1 Tasse Gemüsebrühe

- 1 Tasse pflanzliche Sahne (z.B. Sojasahne)

- 2 EL Tomatenmark

- 2 EL Sojasauce

- 2 EL Olivenöl

- 1 TL Paprikapulver

- Salz und Pfeffer nach Geschmack

- Frische Petersilie zum Garnieren

Zubereitung:

1. Die Zwiebel und den Knoblauch schälen und fein hacken. Die Champignons, Paprika, Zucchini und Karotten klein schneiden.

2. Das Olivenöl in einer großen Pfanne erhitzen und die Zwiebel und den Knoblauch darin anbraten, bis sie weich sind.

3. Die Champignons, Paprika, Zucchini und Karotten hinzufügen und etwa 5-7 Minuten mitbraten.

4. Das Tomatenmark, Paprikapulver und die Sojasauce einrühren.

5. Die Gemüsebrühe hinzufügen und alles zum Kochen bringen. Die Hitze reduzieren und etwa 15 Minuten köcheln lassen, bis das Gemüse weich ist.

6. Die pflanzliche Sahne einrühren und weitere 5 Minuten köcheln lassen.

7. Das Gemüse-Stroganoff pürieren, bis eine glatte Konsistenz erreicht ist.

8. Mit Salz und Pfeffer abschmecken und mit frischer Petersilie garnieren.

Nährwerte pro Portion:

- Kalorien: 250

- Fett: 12g

- Kohlenhydrate: 30g

- Eiweiß: 6g

- Ballaststoffe: 6g

Pürierter Linsen-Dhal

Portionen: 4

Zutaten:**

- 1 Tasse rote Linsen
- 1 Zwiebel
- 2 Knoblauchzehen
- 1 Stück Ingwer (ca. 2 cm)
- 1 Dose Kokosmilch (400 ml)
- 2 Tassen Gemüsebrühe
- 1 EL Currypulver
- 1 TL Kreuzkümmel
- 1 TL Korianderpulver
- 2 EL Olivenöl
- Salz und Pfeffer nach Geschmack
- Frische Korianderblätter zum Garnieren

Zubereitung:

1. Die Zwiebel, Knoblauch und Ingwer schälen und fein hacken.

2. Das Olivenöl in einem großen Topf erhitzen und die Zwiebel, den Knoblauch und den Ingwer darin anbraten, bis sie weich sind.

3. Die Gewürze (Currypulver, Kreuzkümmel, Korianderpulver) hinzufügen und kurz mitrösten.

4. Die roten Linsen hinzufügen und kurz mitbraten.

5. Die Kokosmilch und die Gemüsebrühe hinzufügen und alles zum Kochen bringen.

6. Die Hitze reduzieren und etwa 20-25 Minuten köcheln lassen, bis die Linsen weich sind.

7. Den Linsen-Dhal nach dem Garen pürieren, bis eine glatte Konsistenz erreicht ist.

8. Mit Salz und Pfeffer abschmecken und mit frischen Korianderblättern garnieren.

Nährwerte pro Portion:- Kalorien: 300- Fett: 15g- Kohlenhydrate: 35g- Eiweiß: 10g- Ballaststoffe: 10g

Weiche Bohnenbällchen

Portionen: 4

Zutaten:**

- 2 Dosen weiße Bohnen (je 400 g)

- 1 Zwiebel

- 2 Knoblauchzehen

- 1 Karotte

- 1/2 Tasse Haferflocken

- 2 EL Tomatenmark

- 2 EL Sojasauce

- 1 TL Kreuzkümmel

- 1 TL Paprikapulver

- 2 EL Olivenöl

- Salz und Pfeffer nach Geschmack

Zubereitung:

1. Die weißen Bohnen abgießen und abspülen. Die Zwiebel, Knoblauch und Karotte schälen und fein hacken.

2. Das Olivenöl in einer Pfanne erhitzen und die Zwiebel, den Knoblauch und die Karotte darin anbraten, bis sie weich sind.

3. Die angebratenen Zwiebeln, Knoblauch und Karotten zusammen mit den weißen Bohnen, Haferflocken, Tomatenmark, Sojasauce, Kreuzkümmel und Paprikapulver in einen Mixer geben.

4. Alles zu einer glatten Masse pürieren.

5. Mit Salz und Pfeffer abschmecken und aus der Masse kleine Bällchen formen.

6. Die Bällchen auf ein Backblech legen und im vorgeheizten Ofen bei 180°C etwa 20 Minuten backen, bis sie leicht gebräunt sind.

Nährwerte pro Portion:

- Kalorien: 220

- Fett: 8g

- Kohlenhydrate: 30g

- Eiweiß: 9g

- Ballaststoffe: 8g

Pürierter Spinat mit Mandeln

Portionen: 4

Zutaten:**

- 500 g frischer Spinat
- 1 Zwiebel
- 2 Knoblauchzehen
- 1/4 Tasse Mandeln
- 200 ml Kokosmilch
- 2 EL Olivenöl
- Salz und Pfeffer nach Geschmack
- 1/4 TL Muskatnuss (optional)

Zubereitung:

1. Die Zwiebel und den Knoblauch schälen und fein hacken. Die Mandeln grob hacken.

2. Das Olivenöl in einem großen Topf erhitzen und die Zwiebel und den Knoblauch darin anbraten, bis sie weich sind.

3. Den Spinat hinzufügen und kurz mitbraten, bis er zusammenfällt.

4. Die Kokosmilch und die Mandeln hinzufügen und etwa 5 Minuten köcheln lassen.

5. Den Spinat mit Mandeln nach dem Garen pürieren, bis eine glatte Konsistenz erreicht ist.

6. Mit Salz, Pfeffer und Muskatnuss abschmecken.

Nährwerte pro Portion:- Kalorien: 200- Fett: 16g- Kohlenhydrate: 10g- Eiweiß: 4g- Ballaststoffe: 5g

Cremige Kokos-Gemüsesuppe

Portionen: 4

Zutaten:**

- 1 Zwiebel
- 2 Knoblauchzehen
- 1 Stück Ingwer (ca. 2 cm)
- 2 Karotten
- 1 Zucchini
- 1 rote Paprika
- 1 Dose Kokosmilch (400 ml)
- 4 Tassen Gemüsebrühe
- 2 EL Olivenöl
- Salz und Pfeffer nach Geschmack
- Frische Korianderblätter zum Garnieren

Zubereitung:

1. Die Zwiebel, Knoblauch und Ingwer schälen und fein hacken. Die Karotten, Zucchini und Paprika in kleine Stücke schneiden.

2. Das Olivenöl in einem großen Topf erhitzen und die Zwiebel, den Knoblauch und den Ingwer darin anbraten, bis sie weich sind.

3. Die Karotten, Zucchini und Paprika hinzufügen und etwa 5 Minuten mitbraten.

4. Die Kokosmilch und die Gemüsebrühe hinzufügen und alles zum Kochen bringen.

5. Die Hitze reduzieren und etwa 20-25 Minuten köcheln lassen, bis das Gemüse weich ist.

6. Die Suppe nach dem Garen pürieren, bis eine glatte Konsistenz erreicht ist.

7. Mit Salz und Pfeffer abschmecken und mit frischen Korianderblättern garnieren.

Nährwerte pro Portion:

- Kalorien: 250

- Fett: 18g

- Kohlenhydrate: 20g

- Eiweiß: 4g

- Ballaststoffe: 5g

Internationale Küche

Weiches japanisches Curry

Portionen: 4

Zutaten:**

- 500 g Hähnchenbrustfilets
- 2 Kartoffeln
- 2 Karotten
- 1 Zwiebel
- 2 Knoblauchzehen
- 2 EL Currypulver
- 2 EL Sojasauce
- 2 EL Mehl
- 3 Tassen Hühnerbrühe
- 1 Tasse Apfelsaft
- 2 EL Olivenöl
- Salz und Pfeffer nach Geschmack
- 1 EL Honig (optional)

Zubereitung:

1. Die Hähnchenbrustfilets in kleine Stücke schneiden. Die Kartoffeln und Karotten schälen und in kleine Würfel schneiden. Die Zwiebel und den Knoblauch schälen und fein hacken.

2. Das Olivenöl in einem großen Topf erhitzen und die Zwiebel und den Knoblauch darin anbraten, bis sie weich sind.

3. Die Hähnchenstücke hinzufügen und anbraten, bis sie leicht gebräunt sind.

4. Die Kartoffeln und Karotten hinzufügen und kurz mitbraten.

5. Das Mehl über das Gemüse und das Fleisch streuen und gut umrühren.

6. Die Hühnerbrühe und den Apfelsaft hinzufügen und alles zum Kochen bringen.

7. Das Currypulver, die Sojasauce und den Honig einrühren.

8. Die Hitze reduzieren und etwa 20-25 Minuten köcheln lassen, bis das Gemüse weich ist.

9. Das Curry nach dem Garen pürieren, bis eine glatte Konsistenz erreicht ist.

10. Mit Salz und Pfeffer abschmecken und servieren.

Nährwerte pro Portion:

- Kalorien: 350

- Fett: 12g

- Kohlenhydrate: 45g

- Eiweiß: 20g

- Ballaststoffe: 6g

Pürierte vietnamesische Pho

Portionen: 4

Zutaten:

- 300 g Rinderfilet
- 2 Zwiebeln
- 4 Knoblauchzehen
- 1 Stück Ingwer (ca. 5 cm)
- 1 Zimtstange
- 4 Sternanis
- 4 Nelken
- 2 EL Fischsauce
- 4 Tassen Rinderbrühe
- 200 g Reisnudeln
- 2 EL Pflanzenöl
- Salz und Pfeffer nach Geschmack
- Frische Kräuter (Koriander, Thai-Basilikum) zum Garnieren

Zubereitung:

1. Die Zwiebeln und den Ingwer schälen und halbieren. Die Zwiebeln, den Knoblauch und den Ingwer in einer Pfanne ohne Öl anrösten, bis sie leicht gebräunt sind.

2. Die Rinderbrühe in einem großen Topf erhitzen und die gerösteten Zwiebeln, Knoblauch und Ingwer hinzufügen.

3. Die Zimtstange, Sternanis und Nelken hinzufügen und etwa 30 Minuten köcheln lassen.

4. Das Rinderfilet in dünne Scheiben schneiden.

5. Die Reisnudeln nach Packungsanweisung in heißem Wasser einweichen, bis sie weich sind.

6. Die Gewürze aus der Brühe entfernen und die Brühe pürieren, bis eine glatte Konsistenz erreicht ist.

7. Die Fischsauce hinzufügen und mit Salz und Pfeffer abschmecken.

8. Die Rinderfiletscheiben in die heiße Brühe legen, bis sie gar sind.

9. Die Reisnudeln in Schalen verteilen und die pürierte Brühe mit den Rindfleischscheiben darüber gießen.

10. Mit frischen Kräutern garnieren und servieren.

Nährwerte pro Portion:

- Kalorien: 400

- Fett: 10g

- Kohlenhydrate: 50g

- Eiweiß: 25g

- Ballaststoffe: 3g

Sanftes indisches Butterhühnchen

Portionen: 4

Zutaten:**

- 500 g Hähnchenbrustfilets
- 1 Zwiebel
- 2 Knoblauchzehen
- 1 Stück Ingwer (ca. 2 cm)
- 1 Dose stückige Tomaten (400 g)
- 1 Tasse Sahne (oder pflanzliche Alternative)
- 3 EL Butter
- 2 EL Tomatenmark
- 1 EL Garam Masala
- 1 TL Kurkuma
- 1 TL Kreuzkümmel
- Salz und Pfeffer nach Geschmack
- Frischer Koriander zum Garnieren

Zubereitung:

1. Die Hähnchenbrustfilets in kleine Stücke schneiden. Die Zwiebel, den Knoblauch und den Ingwer schälen und fein hacken.

2. Die Butter in einer großen Pfanne erhitzen und die Zwiebel, den Knoblauch und den Ingwer darin anbraten, bis sie weich sind.

3. Die Hähnchenstücke hinzufügen und anbraten, bis sie leicht gebräunt sind.

4. Das Tomatenmark, Garam Masala, Kurkuma und Kreuzkümmel einrühren und kurz mitbraten.

5. Die stückigen Tomaten hinzufügen und etwa 15 Minuten köcheln lassen.

6. Die Sahne einrühren und weitere 10 Minuten köcheln lassen, bis das Hähnchen gar ist.

7. Das Butterhühnchen nach dem Garen pürieren, bis eine glatte Konsistenz erreicht ist.

8. Mit Salz und Pfeffer abschmecken und mit frischem Koriander garnieren.

Nährwerte pro Portion:

- Kalorien: 450

- Fett: 30g

- Kohlenhydrate: 20g

- Eiweiß: 25g

- Ballaststoffe: 4g

Zartes marokkanisches Lamm

Portionen: 4

Zutaten:**

- 600 g Lammfleisch (Schulter oder Keule), in Würfel geschnitten
- 1 Zwiebel
- 2 Knoblauchzehen
- 1 Karotte
- 1 Zucchini
- 1 Dose stückige Tomaten (400 g)
- 1 Tasse Gemüsebrühe
- 2 EL Olivenöl
- 1 TL Kreuzkümmel
- 1 TL Zimt
- 1 TL Paprikapulver
- 1 TL Korianderpulver
- Salz und Pfeffer nach Geschmack
- Frische Minze zum Garnieren

Zubereitung:

1. Die Zwiebel, Knoblauch, Karotte und Zucchini schälen und klein schneiden.

2. Das Olivenöl in einem großen Topf erhitzen und das Lammfleisch darin rundherum anbraten.

3. Die Zwiebel, Knoblauch, Karotte und Zucchini hinzufügen und mitbraten, bis sie weich sind.

4. Die Gewürze (Kreuzkümmel, Zimt, Paprikapulver, Korianderpulver) einrühren und kurz mitbraten.

5. Die stückigen Tomaten und die Gemüsebrühe hinzufügen und alles zum Kochen bringen.

6. Die Hitze reduzieren und zugedeckt etwa 1,5 Stunden schmoren lassen, bis das Lammfleisch sehr zart ist.

7. Das marokkanische Lamm nach dem Schmoren pürieren, bis eine glatte Konsistenz erreicht ist.

8. Mit Salz und Pfeffer abschmecken und mit frischer Minze garnieren.

Nährwerte pro Portion:

- Kalorien: 500

- Fett: 30g

- Kohlenhydrate: 20g

- Eiweiß: 35g

- Ballaststoffe: 5g

Pürierte thailändische Kokossuppe

Portionen: 4

Zutaten:**

- 500 g Hähnchenbrustfilets
- 1 Dose Kokosmilch (400 ml)
- 4 Tassen Hühnerbrühe
- 1 Stück Ingwer (ca. 5 cm)
- 2 Zitronengrasstängel
- 2 Knoblauchzehen
- 2 Karotten
- 1 rote Paprika
- 2 EL Fischsauce
- 1 EL Limettensaft
- 2 EL Olivenöl
- Salz und Pfeffer nach Geschmack
- Frische Korianderblätter zum Garnieren

Zubereitung:

1. Die Hähnchenbrustfilets in dünne Streifen schneiden. Den Ingwer schälen und in dünne Scheiben schneiden. Das Zitronengras leicht andrücken und in Stücke schneiden. Die Knoblauchzehen schälen und fein hacken. Die Karotten und Paprika klein schneiden.

2. Das Olivenöl in einem großen Topf erhitzen und den Knoblauch und Ingwer darin anbraten, bis sie duften.

3. Die Hähnchenstreifen hinzufügen und anbraten, bis sie leicht gebräunt sind.

4. Die Kokosmilch, Hühnerbrühe, Zitronengras, Karotten und Paprika hinzufügen und alles zum Kochen bringen.

5. Die

Hitze reduzieren und etwa 20-25 Minuten köcheln lassen, bis das Gemüse weich ist.

6. Die Fischsauce und den Limettensaft hinzufügen.

7. Die Kokossuppe nach dem Garen pürieren, bis eine glatte Konsistenz erreicht ist.

8. Mit Salz und Pfeffer abschmecken und mit frischen Korianderblättern garnieren.

Nährwerte pro Portion:

- Kalorien: 350

- Fett: 20g

- Kohlenhydrate: 15g

- Eiweiß: 25g

- Ballaststoffe: 3g

Weicher mexikanischer Bohnenauflauf

Portionen: 4

Zutaten:

- 2 Dosen schwarze Bohnen (je 400 g)
- 1 Zwiebel
- 2 Knoblauchzehen
- 1 rote Paprika
- 1 Tasse Mais (frisch oder aus der Dose)
- 1 Dose stückige Tomaten (400 g)
- 1 Tasse pflanzliche Sahne (z.B. Sojasahne)
- 2 EL Olivenöl
- 1 TL Kreuzkümmel
- 1 TL Paprikapulver
- 1 TL Oregano
- Salz und Pfeffer nach Geschmack
- 1/2 Tasse geriebener veganer Käse (optional)
- Frischer Koriander zum Garnieren

Zubereitung:

1. Die Zwiebel und den Knoblauch schälen und fein hacken. Die rote Paprika klein schneiden.

2. Das Olivenöl in einer großen Pfanne erhitzen und die Zwiebel und den Knoblauch darin anbraten, bis sie weich sind.

3. Die rote Paprika und den Mais hinzufügen und etwa 5 Minuten mitbraten.

4. Die Bohnen, stückige Tomaten, pflanzliche Sahne, Kreuzkümmel, Paprikapulver und Oregano hinzufügen und gut vermischen.

5. Alles zum Kochen bringen und etwa 10 Minuten köcheln lassen.

6. Die Mischung in eine Auflaufform geben und mit geriebenem veganen Käse bestreuen, falls gewünscht.

7. Im vorgeheizten Ofen bei 180°C etwa 20 Minuten backen, bis der Käse geschmolzen und leicht gebräunt ist.

8. Den Bohnenauflauf nach dem Backen pürieren, bis eine glatte Konsistenz erreicht ist.

9. Mit Salz und Pfeffer abschmecken und mit frischem Koriander garnieren.

Nährwerte pro Portion:

- Kalorien: 350

- Fett: 15g

- Kohlenhydrate: 45g

- Eiweiß: 12g

- Ballaststoffe: 12g

Cremige italienische Minestrone

Portionen: 4

Zutaten:

- 1 Zwiebel
- 2 Knoblauchzehen
- 2 Karotten
- 2 Stangen Sellerie
- 1 Zucchini
- 1 Dose stückige Tomaten (400 g)
- 4 Tassen Gemüsebrühe
- 1 Tasse kleine Pasta (z.B. Ditalini)
- 1 Dose weiße Bohnen (400 g)
- 2 EL Olivenöl
- 1 TL getrockneter Oregano
- 1 TL getrockneter Basilikum
- Salz und Pfeffer nach Geschmack
- Frisches Basilikum zum Garnieren

Zubereitung:

1. Die Zwiebel, Knoblauch, Karotten, Sellerie und Zucchini klein schneiden.

2. Das Olivenöl in einem großen Topf erhitzen und die Zwiebel und den Knoblauch darin anbraten, bis sie weich sind.

3. Die Karotten und den Sellerie hinzufügen und etwa 5 Minuten mitbraten.

4. Die Zucchini, stückige Tomaten, Gemüsebrühe, Oregano und Basilikum hinzufügen und zum Kochen bringen.

5. Die Hitze reduzieren und etwa 15 Minuten köcheln lassen, bis das Gemüse weich ist.

6. Die Pasta und die abgetropften weißen Bohnen hinzufügen und weitere 10 Minuten kochen, bis die Pasta weich ist.

7. Die Minestrone nach dem Garen pürieren, bis eine glatte Konsistenz erreicht ist.

8. Mit Salz und Pfeffer abschmecken und mit frischem Basilikum garnieren.

Nährwerte pro Portion:

- Kalorien: 300

- Fett: 10g

- Kohlenhydrate: 45g

- Eiweiß: 10g

- Ballaststoffe: 8g

Pürierte griechische Avgolemono-Suppe

Portionen: 4

Zutaten:

- 1 Hähnchenbrustfilet
- 4 Tassen Hühnerbrühe
- 1 Tasse Reis
- 2 Eier
- Saft von 2 Zitronen
- Salz und Pfeffer nach Geschmack
- Frischer Dill zum Garnieren

Zubereitung:

1. Die Hühnerbrühe in einem großen Topf zum Kochen bringen. Das Hähnchenbrustfilet hinzufügen und etwa 15-20 Minuten köcheln lassen, bis das Hähnchen gar ist.

2. Das Hähnchen herausnehmen und klein schneiden.

3. Den Reis in die Brühe geben und etwa 15 Minuten köcheln lassen, bis er weich ist.

4. In einer Schüssel die Eier verquirlen und den Zitronensaft hinzufügen.

5. Nach und nach etwas heiße Brühe unter die Ei-Zitronen-Mischung rühren, um sie zu temperieren.

6. Die Ei-Zitronen-Mischung langsam in die Suppe einrühren, dabei ständig rühren, um zu verhindern, dass die Eier gerinnen.

7. Das Hähnchen wieder in die Suppe geben und alles gut vermischen.

8. Die Avgolemono-Suppe nach dem Garen pürieren, bis eine glatte Konsistenz erreicht ist.

9. Mit Salz und Pfeffer abschmecken und mit frischem Dill garnieren.

Nährwerte pro Portion:- Kalorien: 250- Fett: 8g- Kohlenhydrate: 30g- Eiweiß: 15g- Ballaststoffe: 1g

Sanfte chinesische Hühnersuppe

Portionen: 4

Zutaten:**

- 2 Hähnchenbrustfilets
- 1 Stück Ingwer (ca. 5 cm)
- 2 Knoblauchzehen
- 4 Tassen Hühnerbrühe
- 1 Tasse Bambussprossen
- 1 Tasse Shiitake-Pilze
- 2 EL Sojasauce
- 1 EL Reisessig
- 2 EL Sesamöl
- Salz und Pfeffer nach Geschmack
- Frühlingszwiebeln zum Garnieren

Zubereitung:

1. Die Hähnchenbrustfilets in dünne Streifen schneiden. Den Ingwer und Knoblauch schälen und fein hacken.

2. Das Sesamöl in einem großen Topf erhitzen und den Ingwer und Knoblauch darin anbraten, bis sie duften.

3. Die Hähnchenstreifen hinzufügen und anbraten, bis sie leicht gebräunt sind.

4. Die Hühnerbrühe, Bambussprossen und Shiitake-Pilze hinzufügen und zum Kochen bringen.

5. Die Hitze reduzieren und etwa 20 Minuten köcheln lassen, bis das Hähnchen gar ist.

6. Die Sojasauce und den Reisessig hinzufügen.

7. Die Hühnersuppe nach dem Garen pürieren, bis eine glatte Konsistenz erreicht ist.

8. Mit Salz und Pfeffer abschmecken und mit gehackten Frühlingszwiebeln garnieren.

Nährwerte pro Portion:

- Kalorien: 200

- Fett: 8g

- Kohlenhydrate: 10g

- Eiweiß: 25g

- Ballaststoffe: 2g

Weiche spanische Gazpacho

Portionen: 4

Zutaten:

- 6 reife Tomaten
- 1 Gurke
- 1 rote Paprika
- 1 kleine Zwiebel
- 2 Knoblauchzehen
- 2 Tassen Tomatensaft
- 1/4 Tasse Olivenöl
- 2 EL Rotweinessig
- Salz und Pfeffer nach Geschmack
- Frische Basilikumblätter zum Garnieren

Zubereitung:

1. Die Tomaten, Gurke, Paprika, Zwiebel und Knoblauch schälen und klein schneiden.
2. Alle Zutaten in einen Mixer geben und glatt pürieren.
3. Den Tomatensaft, Olivenöl und Rotweinessig hinzufügen und erneut pürieren, bis eine glatte Konsistenz erreicht ist.
4. Mit Salz und Pfeffer abschmecken.
5. Die Gazpacho im Kühlschrank mindestens 2 Stunden kühlen lassen.

6. Vor dem Servieren erneut umrühren und mit frischen Basilikumblättern garnieren.

Nährwerte pro Portion:- Kalorien: 150- Fett: 10g- Kohlenhydrate: 15g- Eiweiß: 2g- Ballaststoffe: 4g

Kindgerechte Gerichte

Pürierter Apfel-Bananen-Mix

Portionen: 4

Zutaten:**

- 4 Äpfel
- 2 Bananen
- 1/2 Tasse Apfelsaft
- 1 EL Honig (optional)
- 1/2 TL Zimt (optional)

Zubereitung:

1. Die Äpfel schälen, entkernen und in kleine Stücke schneiden.
2. Die Bananen schälen und in Stücke brechen.
3. Die Äpfel und Bananen zusammen mit dem Apfelsaft in einen Mixer geben.
4. Alles zu einer glatten, cremigen Konsistenz pürieren.
5. Nach Belieben mit Honig und Zimt abschmecken.
6. Sofort servieren oder im Kühlschrank aufbewahren.

****Nährwerte pro Portion:****- Kalorien: 100- Fett: 0g- Kohlenhydrate: 26g- Eiweiß: 1g- Ballaststoffe: 3g

Cremiger Schokoladenpudding

Portionen: 4

Zutaten:**

- 500 ml Milch (oder pflanzliche Alternative)
- 50 g Zucker
- 25 g Kakaopulver
- 30 g Maisstärke
- 1 TL Vanilleextrakt

Zubereitung:

1. Die Milch in einem Topf erhitzen, aber nicht zum Kochen bringen.
2. Zucker, Kakaopulver und Maisstärke in einer Schüssel vermischen.
3. Die trockenen Zutaten langsam in die warme Milch einrühren, bis alles gut vermischt ist.
4. Unter ständigem Rühren bei mittlerer Hitze kochen, bis die Mischung eindickt.
5. Den Topf vom Herd nehmen und den Vanilleextrakt einrühren.
6. Den Pudding in Schälchen füllen und im Kühlschrank abkühlen lassen.

Nährwerte pro Portion:- Kalorien: 180- Fett: 5g- Kohlenhydrate: 30g- Eiweiß: 4g- Ballaststoffe: 1g

Weiche Mini-Pfannkuchen

Portionen: 4

Zutaten:

- 1 Tasse Mehl
- 1 EL Zucker
- 1 TL Backpulver
- 1/2 TL Salz
- 1 Ei
- 1 Tasse Milch (oder pflanzliche Alternative)
- 2 EL Butter (geschmolzen) oder Öl

Zubereitung:

1. Mehl, Zucker, Backpulver und Salz in einer Schüssel vermischen.

2. In einer anderen Schüssel das Ei, die Milch und die geschmolzene Butter verquirlen.

3. Die feuchten Zutaten zu den trockenen Zutaten geben und gut verrühren, bis ein glatter Teig entsteht.

4. Eine Pfanne bei mittlerer Hitze erhitzen und leicht einfetten.

5. Den Teig esslöffelweise in die Pfanne geben und die Mini-Pfannkuchen etwa 2 Minuten pro Seite backen, bis sie goldbraun sind.

6. Warm servieren, nach Belieben mit Obst oder Sirup.

Nährwerte pro Portion:- Kalorien: 220- Fett: 8g- Kohlenhydrate: 30g- Eiweiß: 6g- Ballaststoffe: 1g

Sanfte Gemüsepüree-Bällchen

Portionen:** 4

Zutaten:**

- 2 Tassen gemischtes Gemüse (z.B. Karotten, Erbsen, Kartoffeln)

- 1/2 Tasse Haferflocken

- 1/2 Tasse geriebener Käse

- 1 Ei

- Salz und Pfeffer nach Geschmack

- 1 EL Olivenöl

Zubereitung:

1. Das Gemüse in Salzwasser kochen, bis es weich ist. Abgießen und abkühlen lassen.

2. Das gekochte Gemüse zusammen mit den Haferflocken und dem Käse in einen Mixer geben und pürieren.

3. Das Ei hinzufügen und gut vermischen. Mit Salz und Pfeffer abschmecken.

4. Aus der Mischung kleine Bällchen formen.

5. Das Olivenöl in einer Pfanne erhitzen und die Bällchen darin bei mittlerer Hitze etwa 5-7 Minuten braten, bis sie goldbraun sind.

6. Warm servieren.

****Nährwerte pro Portion:****- Kalorien: 180- Fett: 8g- Kohlenhydrate: 20g- Eiweiß: 6g- Ballaststoffe: 4g

Pürierter Obstsmoothie

Portionen:** 4

Zutaten:

- 1 Tasse Erdbeeren
- 1 Banane
- 1 Tasse Ananasstücke
- 1 Tasse Orangensaft
- 1/2 Tasse Joghurt (oder pflanzliche Alternative)
- 1 EL Honig (optional)

Zubereitung:

1. Die Erdbeeren waschen und entstielen. Die Banane schälen und in Stücke brechen.
2. Die Erdbeeren, Banane, Ananasstücke, Orangensaft und Joghurt in einen Mixer geben.
3. Alles zu einer glatten Konsistenz pürieren.
4. Nach Belieben mit Honig süßen.
5. Sofort servieren oder im Kühlschrank aufbewahren.

****Nährwerte pro Portion:****- Kalorien: 120- Fett: 1g- Kohlenhydrate: 28g- Eiweiß: 2g- Ballaststoffe: 3g

Cremiger Vanillejoghurt

Portionen: 4

Zutaten:**

- 500 g Naturjoghurt (oder pflanzliche Alternative)

- 2 EL Honig oder Ahornsirup

- 1 TL Vanilleextrakt

- 1/2 Tasse frisches Obst (optional, z.B. Beeren oder geschnittene Früchte)

Zubereitung:

1. Den Joghurt in eine Schüssel geben.

2. Den Honig und den Vanilleextrakt hinzufügen und gut vermischen.

3. Nach Belieben frisches Obst unterheben.

4. Den Vanillejoghurt in Schälchen füllen und sofort servieren oder im Kühlschrank aufbewahren.

Nährwerte pro Portion:

- Kalorien: 100

- Fett: 2g

- Kohlenhydrate: 15g

- Eiweiß: 4g

- Ballaststoffe: 0g

Weiche Käse-Nudeln

Portionen: 4

Zutaten:

- 300 g kleine Pasta (z.B. Muschelnudeln oder Makkaroni)
- 2 EL Butter
- 2 EL Mehl
- 2 Tassen Milch (oder pflanzliche Alternative)
- 1 1/2 Tassen geriebener Käse (z.B. Cheddar)
- Salz und Pfeffer nach Geschmack

Zubereitung:

1. Die Pasta nach Packungsanweisung in einem großen Topf mit Salzwasser kochen, bis sie weich ist. Abgießen und beiseite stellen.
2. In einem mittelgroßen Topf die Butter bei mittlerer Hitze schmelzen.
3. Das Mehl einrühren und unter ständigem Rühren etwa 2 Minuten kochen, bis die Mischung leicht gebräunt ist.
4. Nach und nach die Milch einrühren und weiter rühren, bis die Sauce eindickt.
5. Den geriebenen Käse einrühren, bis er geschmolzen und die Sauce glatt ist.
6. Die gekochte Pasta in die Käsesauce geben und gut vermischen.
7. Mit Salz und Pfeffer abschmecken und sofort servieren.

Nährwerte pro Portion:- Kalorien: 350- Fett: 15g- Kohlenhydrate: 40g- Eiweiß: 15g- Ballaststoffe: 2g

Pürierte Erdbeercreme

Portionen: 4

Zutaten:**

- 2 Tassen frische Erdbeeren

- 1/2 Tasse griechischer Joghurt (oder pflanzliche Alternative)

- 2 EL Honig

- 1 TL Zitronensaft

Zubereitung:

1. Die Erdbeeren waschen und entstielen.

2. Die Erdbeeren zusammen mit dem Joghurt, Honig und Zitronensaft in einen Mixer geben.

3. Alles zu einer glatten, cremigen Konsistenz pürieren.

4. Die Erdbeercreme in Schälchen füllen und sofort servieren oder im Kühlschrank aufbewahren.

Nährwerte pro Portion:

- Kalorien: 100

- Fett: 1g

- Kohlenhydrate: 20g

- Eiweiß: 3g

- Ballaststoffe: 2g

Sanfter Milchreis mit Früchten

Portionen: 4

Zutaten:**

- 1 Tasse Rundkornreis
- 4 Tassen Milch (oder pflanzliche Alternative)
- 1/4 Tasse Zucker
- 1 TL Vanilleextrakt
- 1/2 Tasse frische oder getrocknete Früchte (z.B. Beeren, Rosinen oder geschnittene Pfirsiche)
- 1/2 TL Zimt (optional)

Zubereitung:

1. Den Reis mit der Milch in einem großen Topf zum Kochen bringen.
2. Die Hitze reduzieren und den Reis unter gelegentlichem Rühren etwa 30 Minuten köcheln lassen, bis er weich und die Mischung cremig ist.
3. Zucker und Vanilleextrakt unterrühren.
4. Die Früchte und den Zimt (falls verwendet) hinzufügen und gut vermischen.
5. Den Milchreis in Schälchen füllen und warm oder gekühlt servieren.

Nährwerte pro Portion:- Kalorien: 250- Fett: 5g- Kohlenhydrate: 50g- Eiweiß: 6g- Ballaststoffe: 1g

Pürierter Babybrei

Portionen: 4

Zutaten:**

- 1 Süßkartoffel

- 1 Apfel

- 1 Karotte

- 1 Tasse Wasser oder Muttermilch/Formula

Zubereitung:

1. Die Süßkartoffel, den Apfel und die Karotte schälen und in kleine Stücke schneiden.

2. Alles in einen Topf mit Wasser geben und zum Kochen bringen. Etwa 15-20 Minuten köcheln lassen, bis das Gemüse und der Apfel weich sind.

3. Das gekochte Gemüse und den Apfel zusammen mit der Kochflüssigkeit oder der Muttermilch/Formula in einen Mixer geben.

4. Alles zu einer glatten, cremigen Konsistenz pürieren.

5. Den Babybrei abkühlen lassen und in kleinen Portionen servieren. Übrig gebliebenen Brei kann man im Kühlschrank aufbewahren.

Nährwerte pro Portion:

- Kalorien: 80

- Fett: 0g

- Kohlenhydrate: 18g

- Eiweiß: 1g

- Ballaststoffe: 3g

Festliche Gerichte

Pürierter Truthahn mit Preiselbeersauce

Portionen: 4

Zutaten:**

- 500 g Truthahnbrust
- 1 Zwiebel
- 2 Knoblauchzehen
- 2 Tassen Hühnerbrühe
- 1 Tasse Preiselbeersauce (aus dem Glas oder selbstgemacht)
- 2 EL Olivenöl
- Salz und Pfeffer nach Geschmack
- 1 EL Maisstärke (optional, zum Andicken)

Zubereitung:

1. Die Truthahnbrust in große Stücke schneiden. Die Zwiebel und den Knoblauch schälen und fein hacken.

2. Das Olivenöl in einem großen Topf erhitzen und die Zwiebel und den Knoblauch darin anbraten, bis sie weich sind.

3. Die Truthahnstücke hinzufügen und anbraten, bis sie leicht gebräunt sind.

4. Die Hühnerbrühe hinzufügen und alles zum Kochen bringen. Die Hitze reduzieren und etwa 20-25 Minuten köcheln lassen, bis der Truthahn gar ist.

5. Die Truthahnmischung zusammen mit der Preiselbeersauce in einen Mixer geben und glatt pürieren.

6. Falls die Mischung zu flüssig ist, die Maisstärke in etwas kaltem Wasser auflösen und in die pürierte Mischung einrühren. Erneut kurz erhitzen, bis die Sauce andickt.

7. Mit Salz und Pfeffer abschmecken und sofort servieren.

Nährwerte pro Portion:

- Kalorien: 300

- Fett: 10g

- Kohlenhydrate: 25g

- Eiweiß: 30g

- Ballaststoffe: 1g

Sanftes Rinderfilet mit Kartoffelpüree

Portionen: 4

Zutaten:

- 500 g Rinderfilet
- 4 große Kartoffeln
- 1/2 Tasse Milch (oder pflanzliche Alternative)
- 2 EL Butter (oder pflanzliche Alternative)
- 2 Tassen Rinderbrühe
- 1 Zwiebel
- 2 Knoblauchzehen
- 2 EL Olivenöl
- Salz und Pfeffer nach Geschmack

Zubereitung:

1. Die Kartoffeln schälen, in Stücke schneiden und in Salzwasser kochen, bis sie weich sind (ca. 20 Minuten). Abgießen und mit Milch und Butter zu einem glatten Püree zerstampfen. Mit Salz und Pfeffer abschmecken.

2. Das Rinderfilet in große Stücke schneiden. Die Zwiebel und den Knoblauch schälen und fein hacken.

3. Das Olivenöl in einem großen Topf erhitzen und die Zwiebel und den Knoblauch darin anbraten, bis sie weich sind.

4. Die Rinderfiletstücke hinzufügen und anbraten, bis sie leicht gebräunt sind.

5. Die Rinderbrühe hinzufügen und alles zum Kochen bringen. Die Hitze reduzieren und etwa 20-25 Minuten köcheln lassen, bis das Fleisch zart ist.

6. Die Rindermischung in einen Mixer geben und glatt pürieren.

7. Mit Salz und Pfeffer abschmecken und zusammen mit dem Kartoffelpüree servieren.

Nährwerte pro Portion:

- Kalorien: 400

- Fett: 20g

- Kohlenhydrate: 35g

- Eiweiß: 20g

- Ballaststoffe: 3g

Cremiges Pilzrisotto

Portionen: 4

Zutaten:

- 1 Tasse Arborio-Reis
- 200 g gemischte Pilze (z.B. Champignons, Shiitake)
- 1 Zwiebel
- 2 Knoblauchzehen
- 4 Tassen Gemüsebrühe
- 1/2 Tasse Weißwein alkoholfreier(optional)
- 1/2 Tasse geriebener Parmesan
- 2 EL Butter (oder pflanzliche Alternative)
- 2 EL Olivenöl
- Salz und Pfeffer nach Geschmack
- Frische Petersilie zum Garnieren

Zubereitung:

1. Die Zwiebel und den Knoblauch schälen und fein hacken. Die Pilze putzen und in Scheiben schneiden.

2. Die Gemüsebrühe in einem Topf erhitzen und warm halten.

3. Das Olivenöl und 1 EL Butter in einem großen Topf erhitzen und die Zwiebel und den Knoblauch darin anbraten, bis sie weich sind.

4. Die Pilze hinzufügen und etwa 5 Minuten mitbraten, bis sie weich sind.

5. Den Arborio-Reis hinzufügen und kurz mitrühren, bis er glasig ist.

6. Den Weißwein hinzufügen und unter Rühren köchle, bis der Wein fast vollständig aufgesogen ist.

7. Nach und nach die warme Gemüsebrühe hinzufügen, jeweils eine Kelle auf einmal, und dabei ständig rühren. Erst die nächste Kelle Brühe hinzufügen, wenn die vorherige aufgesogen ist.

8. Den Reis etwa 20 Minuten köcheln lassen, bis er weich und cremig ist.

9. Den geriebenen Parmesan und die restliche Butter unterrühren.

10. Das Risotto nach dem Garen pürieren, bis eine glatte Konsistenz erreicht ist.

11. Mit Salz und Pfeffer abschmecken und mit frischer Petersilie garnieren.

Nährwerte pro Portion:

- Kalorien: 350

- Fett: 15g

- Kohlenhydrate: 45g

- Eiweiß: 10g

- Ballaststoffe: 2g

Weiche Gänsekeule mit Apfelrotkohl

Portionen: 4

Zutaten:

- 4 Gänsekeulen
- 1 Zwiebel
- 2 Äpfel
- 1 kleiner Rotkohl
- 1 Tasse Apfelsaft
- 2 Tassen Gemüsebrühe
- 2 EL Apfelessig
- 2 EL Zucker
- 2 EL Olivenöl
- Salz und Pfeffer nach Geschmack
- 1 TL Zimt (optional)

Zubereitung:

1. Die Gänsekeulen mit Salz und Pfeffer einreiben. Das Olivenöl in einem großen Topf erhitzen und die Gänsekeulen darin rundherum anbraten, bis sie braun sind. Herausnehmen und beiseite stellen.

2. Die Zwiebel schälen und fein hacken. Die Äpfel schälen, entkernen und in Stücke schneiden. Den Rotkohl fein schneiden.

3. Die Zwiebel im gleichen Topf anbraten, bis sie weich ist.

4. Den Apfelsaft, Gemüsebrühe, Apfelessig und Zucker hinzufügen und gut umrühren.

5. Den Rotkohl und die Apfelstücke hinzufügen und die Gänsekeulen darauflegen.

6. Alles zum Kochen bringen, dann die Hitze reduzieren und zugedeckt etwa 2 Stunden schmoren lassen, bis die Gänsekeulen zart sind.

7. Die Gänsekeulen herausnehmen und das Fleisch von den Knochen lösen.

8. Den Rotkohl und die Apfelmischung in einen Mixer geben und glatt pürieren.

9. Das pürierte Fleisch und die Rotkohlmischung zusammen servieren.

Nährwerte pro Portion:

- Kalorien: 600

- Fett: 35g

- Kohlenhydrate: 40g

- Eiweiß: 35g

- Ballaststoffe: 6g

Pürierter Weihnachtsbraten

Portionen: 4

Zutaten:

- 1 kg Rinderbraten
- 2 Zwiebeln
- 3 Knoblauchzehennn
- 2 Karotten
- 2 Stangen Sellerie
- 4 Tassen Rinderbrühe
- 1 Tasse roter Traubensaft (optional)
- 2 EL Tomatenmark
- 2 EL Olivenöl
- Salz und Pfeffer nach Geschmack
- 2 EL Maisstärke (optional, zum Andicken)

Zubereitung:

1. Den Braten mit Salz und Pfeffer einreiben. Die Zwiebeln, Knoblauch, Karotten und Sellerie schälen und grob hacken.

2. Das Olivenöl in einem großen Topf erhitzen und den Braten darin rundherum anbraten, bis er braun ist. Herausnehmen und beiseite stellen.

3. Die Zwiebeln, Knoblauch, Karotten und Sellerie im gleichen Topf anbraten, bis sie weich sind.

4. Das Tomatenmark einrühren und kurz mitbraten.

5. Die Rinderbrühe und den Saft (falls verwendet) hinzufügen und alles gut umrühren.

6. Den Braten zurück in den Topf legen und alles zum Kochen bringen. Die Hitze reduzieren und zugedeckt etwa 2-3 Stunden schmoren lassen, bis der Braten sehr zart ist.

7. Den Braten herausnehmen und das Fleisch in Stücke schneiden.

8. Die Gemüse- und Brühemischung in einen Mixer geben und glatt pürieren. Falls die Sauce zu dünn ist, die Maisstärke in etwas kaltem Wasser auflösen und in die pürierte Mischung einrühren. Erneut kurz erhitzen, bis die Sauce andickt.

9. Das pürierte Fleisch und die Sauce zusammen servieren.

Nährwerte pro Portion:

- Kalorien: 500

- Fett: 25g

- Kohlenhydrate: 20g

- Eiweiß: 45g

- Ballaststoffe: 3g

Sanftes Lachsfilet mit Dillsoße

Portionen: 4

Zutaten:**

- 4 Lachsfilets (je ca. 150 g)
- 1 Zitrone
- 2 EL Olivenöl
- Salz und Pfeffer nach Geschmack
- Frische Dillzweige zum Garnieren

Für die Dillsoße:

- 1 Tasse pflanzliche Sahne (z.B. Sojasahne)
- 1 EL Dijon-Senf
- 1 EL frischer Dill, gehackt
- 1 EL Zitronensaft
- Salz und Pfeffer nach Geschmack

Zubereitung:

1. Die Lachsfilets mit Zitronensaft beträufeln, mit Salz und Pfeffer würzen und 10 Minuten ziehen lassen.

2. Das Olivenöl in einer Pfanne erhitzen und die Lachsfilets darin bei mittlerer Hitze auf jeder Seite etwa 3-4 Minuten braten, bis sie durchgegart und zart sind.

3. Für die Dillsoße die pflanzliche Sahne in einem kleinen Topf erhitzen.

4. Den Senf, den gehackten Dill und den Zitronensaft einrühren. Mit Salz und Pfeffer abschmecken.

5. Die Soße unter Rühren etwa 5 Minuten köcheln lassen, bis sie leicht eindickt.

6. Die Lachsfilets auf Tellern anrichten und mit der Dillsoße übergießen. Mit frischen Dillzweigen garnieren und sofort servieren.

Nährwerte pro Portion:

- Kalorien: 350

- Fett: 20g

- Kohlenhydrate: 5g

- Eiweiß: 35g

- Ballaststoffe: 0g

Cremige Kürbissuppe

Portionen: 4

Zutaten:**

- 1 kleiner Hokkaido-Kürbis
- 1 Zwiebel
- 2 Knoblauchzehen
- 1 Stück Ingwer (ca. 2 cm)
- 3 Tassen Gemüsebrühe
- 1 Dose Kokosmilch (400 ml)
- 2 EL Olivenöl
- Salz und Pfeffer nach Geschmack
- 1/2 TL Muskatnuss
- Frische Petersilie zum Garnieren

Zubereitung:

1. Den Kürbis waschen, halbieren und die Kerne entfernen. Das Fruchtfleisch in Würfel schneiden.

2. Die Zwiebel, den Knoblauch und den Ingwer schälen und fein hacken.

3. Das Olivenöl in einem großen Topf erhitzen und die Zwiebel, den Knoblauch und den Ingwer darin anbraten, bis sie weich sind.

4. Die Kürbiswürfel hinzufügen und kurz mitbraten.

5. Die Gemüsebrühe hinzufügen und alles zum Kochen bringen. Die Hitze reduzieren und etwa 20 Minuten köcheln lassen, bis der Kürbis weich ist.

6. Die Kokosmilch hinzufügen und die Suppe pürieren, bis eine glatte Konsistenz erreicht ist.

7. Mit Salz, Pfeffer und Muskatnuss abschmecken.

8. Die Kürbissuppe in Schälchen füllen und mit frischer Petersilie garnieren.

Nährwerte pro Portion:

- Kalorien: 250

- Fett: 18g

- Kohlenhydrate: 20g

- Eiweiß: 4g

- Ballaststoffe: 4g

Weiches Schokoladenfondant

Portionen: 4

Zutaten:**

- 100 g Zartbitterschokolade
- 100 g Butter (oder pflanzliche Alternative)
- 2 Eier
- 2 Eigelb
- 50 g Zucker
- 2 EL Mehl

Zubereitung:

1. Den Ofen auf 200°C vorheizen und vier ofenfeste Förmchen einfetten.
2. Die Schokolade und die Butter in einem Wasserbad schmelzen und glatt rühren.
3. Die Eier, Eigelb und den Zucker in einer Schüssel schaumig schlagen.
4. Die geschmolzene Schokoladenmischung unter die Eimasse rühren.
5. Das Mehl einrühren, bis alles gut vermischt ist.
6. Die Masse in die vorbereiteten Förmchen füllen.
7. Die Förmchen auf ein Backblech stellen und im Ofen etwa 10-12 Minuten backen, bis die Ränder fest sind, aber die Mitte noch weich ist.
8. Die Schokoladenfondants aus dem Ofen nehmen, kurz abkühlen lassen und vorsichtig aus den Förmchen stürzen. Sofort servieren.

****Nährwerte pro Portion:****- Kalorien: 400- Fett: 30g- Kohlenhydrate: 25g- Eiweiß: 6g- Ballaststoffe: 3g

Pürierter Zimt-Karamell-Nachtisch

Portionen: 4

Zutaten:**

- 4 reife Bananen
- 1/2 Tasse Datteln, entsteint
- 1/2 Tasse pflanzliche Milch (z.B. Mandelmilch)
- 1 TL Zimt
- 1 TL Vanilleextrakt
- 1 Prise Salz

Zubereitung:

1. Die Bananen schälen und in Stücke brechen.
2. Die Datteln in kleine Stücke schneiden.
3. Die Bananen, Datteln, pflanzliche Milch, Zimt, Vanilleextrakt und eine Prise Salz in einen Mixer geben.
4. Alles zu einer glatten, cremigen Konsistenz pürieren.
5. Die Mischung in Schälchen füllen und im Kühlschrank mindestens 1 Stunde kühlen.
6. Vor dem Servieren nach Belieben mit zusätzlichem Zimt bestreuen.

Nährwerte pro Portion:- Kalorien: 200- Fett: 1g- Kohlenhydrate: 50g- Eiweiß: 2g- Ballaststoffe: 5g

Sanfter Apfelstrudel

Portionen: 4

Zutaten:**

- 4 Äpfel

- 1/4 Tasse Rosinen

- 1/4 Tasse Zucker

- 1 TL Zimt

- 1 EL Zitronensaft

- 1 Packung Blätterteig (vegan)

- 2 EL pflanzliche Butter, geschmolzen

Zubereitung:

1. Die Äpfel schälen, entkernen und in kleine Stücke schneiden.

2. Die Apfelstücke mit den Rosinen, Zucker, Zimt und Zitronensaft vermischen.

3. Den Blätterteig auf einer bemehlten Arbeitsfläche ausrollen.

4. Die Apfelmischung in der Mitte des Teigs verteilen, dabei an den Rändern etwas Platz lassen.

5. Den Teig über die Füllung schlagen und die Ränder gut verschließen.

6. Den Strudel mit geschmolzener pflanzlicher Butter bestreichen.

7. Im vorgeheizten Ofen bei 180°C etwa 25-30 Minuten backen, bis der Teig goldbraun ist.

8. Den Apfelstrudel nach dem Backen pürieren, bis eine glatte Konsistenz erreicht ist.

9. Warm servieren.

Nährwerte pro Portion:- Kalorien: 300- Fett: 15g- Kohlenhydrate: 40g- Eiweiß: 3g- Ballaststoffe: 4g

Snacks für unterwegs

Pürierte Avocado-Snacks

Portionen: 4

Zutaten:

- 2 reife Avocados
- 1 Knoblauchzehe
- Saft einer halben Limette
- Salz und Pfeffer nach Geschmack
- 1 EL Olivenöl
- 1 TL Paprikapulver (optional)

Zubereitung:

1. Die Avocados halbieren, den Kern entfernen und das Fruchtfleisch auslöffeln.
2. Den Knoblauch schälen und fein hacken.
3. Avocado, Knoblauch, Limettensaft, Salz, Pfeffer und Olivenöl in einen Mixer geben.
4. Alles zu einer glatten, cremigen Konsistenz pürieren.
5. Nach Belieben mit Paprikapulver bestreuen.
6. Sofort servieren oder im Kühlschrank aufbewahren.

Nährwerte pro Portion:- Kalorien: 150- Fett: 13g- Kohlenhydrate: 8g- Eiweiß: 2g- Ballaststoffe: 6g

Weiche Gemüse-Sticks

Portionen: 4

Zutaten:

- 2 Karotten
- 2 Zucchini
- 1 Süßkartoffel
- 2 EL Olivenöl
- Salz und Pfeffer nach Geschmack
- 1 TL getrockneter Oregano

Zubereitung:

1. Die Karotten, Zucchini und Süßkartoffel schälen und in dicke Sticks schneiden.

2. Das Gemüse in eine Schüssel geben und mit Olivenöl, Salz, Pfeffer und Oregano vermischen.

3. Die Gemüsesticks auf einem Backblech verteilen und im vorgeheizten Ofen bei 180°C etwa 20-25 Minuten backen, bis sie weich sind.

4. Warm servieren.

Nährwerte pro Portion:- Kalorien: 100- Fett: 7g- Kohlenhydrate: 8g- Eiweiß: 1g- Ballaststoffe: 2g

Cremige Joghurtbecher

Portionen: 4

Zutaten:**

- 500 g Naturjoghurt (oder pflanzliche Alternative)

- 1/4 Tasse Honig oder Ahornsirup

- 1 TL Vanilleextrakt

- 1 Tasse gemischte Beeren (frisch oder gefroren)

- 1/4 Tasse gehackte Nüsse oder Granola (optional)

Zubereitung:

1. Den Joghurt mit Honig und Vanilleextrakt glatt rühren.

2. Die Beeren unterheben.

3. Den Joghurt in Becher füllen und nach Belieben mit gehackten Nüssen oder Granola bestreuen.

4. Sofort servieren oder im Kühlschrank aufbewahren.

Nährwerte pro Portion:

- Kalorien: 200

- Fett: 6g

- Kohlenhydrate: 30g

- Eiweiß: 6g

- Ballaststoffe: 2g

Sanfte Obstbällchen

Portionen: 4

Zutaten:**

- 1 Tasse getrocknete Datteln, entsteint
- 1 Tasse getrocknete Aprikosen
- 1/2 Tasse Mandeln
- 1/4 Tasse Kokosraspeln
- 1 TL Vanilleextrakt

Zubereitung:

1. Die Datteln, Aprikosen und Mandeln in einem Mixer fein hacken.
2. Die Kokosraspeln und den Vanilleextrakt hinzufügen und alles zu einer klebrigen Masse verarbeiten.
3. Aus der Masse kleine Bällchen formen und in den restlichen Kokosraspeln wälzen.
4. Die Obstbällchen im Kühlschrank fest werden lassen.
5. Gekühlt servieren.

****Nährwerte pro Portion:****

- Kalorien: 150
- Fett: 6g
- Kohlenhydrate: 25g
- Eiweiß: 2g
- Ballaststoffe: 4g

Pürierter Energy-Smoothie

Portionen: 4

Zutaten:**

- 1 Banane
- 1 Tasse Spinat
- 1 Tasse gefrorene Beeren
- 1 Tasse Mandelmilch (oder andere pflanzliche Milch)
- 2 EL Haferflocken
- 1 EL Chiasamen
- 1 EL Honig (optional)

Zubereitung:

1. Die Banane schälen und in Stücke brechen.
2. Alle Zutaten in einen Mixer geben.
3. Alles zu einer glatten, cremigen Konsistenz pürieren.
4. Den Smoothie in Gläser füllen und sofort servieren.

****Nährwerte pro Portion:****

- Kalorien: 180
- Fett: 4g
- Kohlenhydrate: 35g
- Eiweiß: 4g
- Ballaststoffe: 7g

Weiche Nussriegel

Portionen:** 8

Zutaten:

- 1 Tasse Datteln, entsteint
- 1/2 Tasse Mandeln
- 1/2 Tasse Cashewnüsse
- 1/4 Tasse Sonnenblumenkerne
- 1/4 Tasse Erdnussbutter oder Mandelbutter
- 1/4 Tasse Honig oder Ahornsirup
- 1 TL Vanilleextrakt
- 1 Prise Salz

****Zubereitung:****

1. Die Datteln in warmem Wasser etwa 10 Minuten einweichen, dann abtropfen lassen.

2. Die Mandeln, Cashewnüsse und Sonnenblumenkerne in einem Mixer oder einer Küchenmaschine grob zerkleinern.

3. Die Datteln, Erdnussbutter, Honig, Vanilleextrakt und Salz hinzufügen und zu einer klebrigen Masse pürieren.

4. Die Mischung in eine mit Backpapier ausgelegte Form drücken und gleichmäßig verteilen.

5. Die Form in den Kühlschrank stellen und mindestens 1 Stunde kühlen lassen.

6. Die Masse in Riegel schneiden und servieren. Im Kühlschrank aufbewahren.

****Nährwerte pro Riegel:****- Kalorien: 200- Fett: 10g- Kohlenhydrate: 25g- Eiweiß: 4g- Ballaststoffe: 3g

Cremiger Quinoa-Snack

Portionen: 4

Zutaten:

- 1 Tasse gekochte Quinoa
- 1/2 Tasse griechischer Joghurt (oder pflanzliche Alternative)
- 1/4 Tasse Honig oder Ahornsirup
- 1/4 Tasse gehackte Nüsse (z.B. Mandeln oder Walnüsse)
- 1/4 Tasse getrocknete Früchte (z.B. Cranberries oder Rosinen)
- 1 TL Vanilleextrakt
- 1/2 TL Zimt

Zubereitung:

1. Die gekochte Quinoa abkühlen lassen.
2. Den Joghurt, Honig, Vanilleextrakt und Zimt in einer Schüssel vermischen.
3. Die abgekühlte Quinoa, gehackte Nüsse und getrocknete Früchte unter die Joghurtmischung heben.
4. Den Quinoa-Snack in kleine Gläser oder Schälchen füllen und im Kühlschrank mindestens 1 Stunde kühlen lassen.
5. Gekühlt servieren.

Nährwerte pro Portion:- Kalorien: 250- Fett: 8g- Kohlenhydrate: 40g- Eiweiß: 7g- Ballaststoffe: 4g

Pürierter Obstbrei

Portionen: 4

Zutaten:**

- 2 Äpfel

- 2 Birnen

- 2 Bananen

- 1/2 Tasse Apfelsaft

- 1 TL Zimt (optional)

Zubereitung:

1. Die Äpfel und Birnen schälen, entkernen und in Stücke schneiden.

2. Die Äpfel und Birnen in einem Topf mit dem Apfelsaft zum Kochen bringen und etwa 10 Minuten köcheln lassen, bis sie weich sind.

3. Die Bananen in Stücke brechen und zu den gekochten Früchten geben.

4. Alles in einen Mixer geben und zu einer glatten, cremigen Konsistenz pürieren.

5. Nach Belieben mit Zimt abschmecken.

6. Warm oder gekühlt servieren.

****Nährwerte pro Portion:****- Kalorien: 120- Fett: 0g- Kohlenhydrate: 31g- Eiweiß: 1g- Ballaststoffe: 4g

Sanfte Protein-Puddings

Portionen: 4

Zutaten:**

- 2 reife Avocados

- 1 Banane

- 1/2 Tasse pflanzliche Milch (z.B. Mandelmilch)

- 1/4 Tasse Kakaopulver

- 1/4 Tasse Ahornsirup oder Honig

- 1/4 Tasse pflanzliches Proteinpulver (z.B. Erbsenprotein)

- 1 TL Vanilleextrakt

Zubereitung:

1. Die Avocados und die Banane schälen und in Stücke schneiden.

2. Alle Zutaten in einen Mixer geben und zu einer glatten, cremigen Konsistenz pürieren.

3. Den Pudding in kleine Gläser oder Schälchen füllen und im Kühlschrank mindestens 1 Stunde kühlen lassen.

4. Gekühlt servieren.

****Nährwerte pro Portion:****- Kalorien: 250- Fett: 15g- Kohlenhydrate: 30g- Eiweiß: 7g- Ballaststoffe: 7g

Weiche Müsli-Kekse

Portionen: 12 Kekse

Zutaten:

- 1 Tasse Haferflocken
- 1/2 Tasse Vollkornmehl
- 1/2 Tasse Apfelmus
- 1/4 Tasse Honig oder Ahornsirup
- 1/4 Tasse Kokosöl, geschmolzen
- 1/4 Tasse Rosinen
- 1/4 Tasse gehackte Nüsse (z.B. Walnüsse oder Mandeln)
- 1 TL Vanilleextrakt
- 1 TL Zimt
- 1/2 TL Backpulver
- 1/4 TL Salz

Zubereitung:

1. Den Ofen auf 180°C vorheizen und ein Backblech mit Backpapier auslegen.

2. In einer großen Schüssel die Haferflocken, das Vollkornmehl, Zimt, Backpulver und Salz vermischen.

3. In einer separaten Schüssel das Apfelmus, Honig, Kokosöl und Vanilleextrakt verrühren.

4. Die feuchten Zutaten zu den trockenen Zutaten geben und gut vermischen.

5. Die Rosinen und gehackten Nüsse unterheben.

6. Den Teig in Esslöffel große Portionen auf das Backblech geben und flach drücken.

7. Die Kekse etwa 12-15 Minuten backen, bis sie goldbraun sind.

8. Die Kekse abkühlen lassen und servieren.

Nährwerte pro Keks:

- Kalorien: 120

- Fett: 6g

- Kohlenhydrate: 15g

- Eiweiß: 2g

- Ballaststoffe: 2g

Spezielle Diäten

Pürierte glutenfreie Gerichte

Pürierte Süßkartoffel-Karotten-Suppe

Portionen: 4

Zutaten:**

- 2 große Süßkartoffeln
- 4 Karotten
- 1 Zwiebel
- 2 Knoblauchzehen
- 4 Tassen Gemüsebrühe
- 1 EL Olivenöl
- Salz und Pfeffer nach Geschmack
- 1 TL Kurkuma
- 1 TL Ingwerpulver

Zubereitung:

1. Die Süßkartoffeln und Karotten schälen und in Stücke schneiden. Die Zwiebel und den Knoblauch schälen und fein hacken.

2. Das Olivenöl in einem großen Topf erhitzen und die Zwiebel und den Knoblauch darin anbraten, bis sie weich sind.

3. Die Süßkartoffeln und Karotten hinzufügen und kurz mitbraten.

4. Die Gemüsebrühe, Kurkuma und Ingwer hinzufügen und alles zum Kochen bringen. Die Hitze reduzieren und etwa 20 Minuten köcheln lassen, bis das Gemüse weich ist.

5. Die Suppe pürieren, bis eine glatte Konsistenz erreicht ist. Mit Salz und Pfeffer abschmecken.

Nährwerte pro Portion:

- Kalorien: 150

- Fett: 3g

- Kohlenhydrate: 30g

- Eiweiß: 3g

- Ballaststoffe: 6g

Sanfte laktosefreie Optionen

Sanftes Hühner-Curry

Portionen: 4

Zutaten:

- 500 g Hähnchenbrustfilets
- 1 Zwiebel
- 2 Knoblauchzehen
- 1 Dose Kokosmilch (400 ml)
- 2 Tassen Gemüsebrühe
- 1 EL Currypulver
- 1 TL Kurkuma
- 1 TL Kreuzkümmel
- 2 EL Olivenöl
- Salz und Pfeffer nach Geschmack

Zubereitung:

1. Die Hähnchenbrustfilets in Stücke schneiden. Die Zwiebel und den Knoblauch schälen und fein hacken.

2. Das Olivenöl in einer großen Pfanne erhitzen und die Zwiebel und den Knoblauch darin anbraten, bis sie weich sind.

3. Die Hähnchenstücke hinzufügen und anbraten, bis sie leicht gebräunt sind.

4. Currypulver, Kurkuma und Kreuzkümmel einrühren und kurz mitbraten.

5. Die Kokosmilch und die Gemüsebrühe hinzufügen und alles zum Kochen bringen. Die Hitze reduzieren und etwa 15 Minuten köcheln lassen, bis das Hähnchen gar ist.

6. Das Curry pürieren, bis eine glatte Konsistenz erreicht ist. Mit Salz und Pfeffer abschmecken.

Nährwerte pro Portion:

- Kalorien: 300

- Fett: 20g

- Kohlenhydrate: 10g

- Eiweiß: 25g

- Ballaststoffe: 2g

Pürierte zuckerfreie Desserts

Pürierte Bananen-Erdnussbutter-Creme

Portionen: 4

Zutaten:**

- 4 reife Bananen
- 1/2 Tasse ungesüßte Erdnussbutter
- 1 TL Vanilleextrakt
- 1/4 Tasse ungesüßte Mandelmilch (oder andere pflanzliche Milch)
- 1 Prise Salz

Zubereitung:

1. Die Bananen schälen und in Stücke schneiden.
2. Die Bananen, Erdnussbutter, Vanilleextrakt, Mandelmilch und Salz in einen Mixer geben.
3. Alles zu einer glatten, cremigen Konsistenz pürieren.
4. In Schälchen füllen und sofort servieren oder im Kühlschrank kühlen.

Nährwerte pro Portion:

- Kalorien: 250
- Fett: 12g
- Kohlenhydrate: 32g
- Eiweiß: 6g
- Ballaststoffe: 4g

Weiche salzarme Mahlzeiten

Pürierter Brokkoli-Kartoffel-Auflauf

Portionen: 4

Zutaten:**

- 2 große Kartoffeln

- 1 Kopf Brokkoli

- 1 Zwiebel

- 2 Knoblauchzehen

- 2 Tassen ungesalzene Gemüsebrühe

- 1 Tasse ungesüßte Mandelmilch (oder andere pflanzliche Milch)

- 2 EL Olivenöl

- 1/2 TL Muskatnuss

- Salz und Pfeffer nach Geschmack (optional)

****Zubereitung:****

1. Die Kartoffeln schälen und in Stücke schneiden. Den Brokkoli in Röschen teilen. Die Zwiebel und den Knoblauch schälen und fein hacken.

2. Das Olivenöl in einem großen Topf erhitzen und die Zwiebel und den Knoblauch darin anbraten, bis sie weich sind.

3. Die Kartoffeln und den Brokkoli hinzufügen und kurz mitbraten.

4. Die Gemüsebrühe und die Mandelmilch hinzufügen und alles zum Kochen bringen. Die Hitze reduzieren und etwa 20 Minuten köcheln lassen, bis das Gemüse weich ist.

5. Den Auflauf pürieren, bis eine glatte Konsistenz erreicht ist. Mit Muskatnuss und optional mit Salz und Pfeffer abschmecken.

****Nährwerte pro Portion:****- Kalorien: 200- Fett: 7g- Kohlenhydrate: 30g- Eiweiß: 6g- Ballaststoffe: 6g

Cremige proteinreiche Snacks

Cremiger Kichererbsen-Dip

Portionen: 4

Zutaten:

- 1 Dose Kichererbsen (400 g)
- 2 EL Tahini
- 1 Knoblauchzehe
- Saft einer Zitrone
- 1/4 Tasse Wasser
- 2 EL Olivenöl
- 1 TL Kreuzkümmel
- Salz und Pfeffer nach Geschmack

Zubereitung:

1. Die Kichererbsen abgießen und abspülen.
2. Die Kichererbsen, Tahini, Knoblauch, Zitronensaft, Wasser und Olivenöl in einen Mixer geben.
3. Alles zu einer glatten, cremigen Konsistenz pürieren.
4. Mit Kreuzkümmel, Salz und Pfeffer abschmecken.
5. Als Dip oder Aufstrich servieren.

Nährwerte pro Portion:- Kalorien: 180- Fett: 9g- Kohlenhydrate: 18g- Eiweiß: 6g- Ballaststoffe: 5g

Pürierte Gemüsesuppe

Portionen: 4

Zutaten:**

- 2 Karotten
- 2 Stangen Sellerie
- 1 Zucchini
- 1 Kartoffel
- 1 Zwiebel
- 2 Knoblauchzehen
- 4 Tassen Gemüsebrühe
- 1 EL Olivenöl
- Salz und Pfeffer nach Geschmack
- Frische Kräuter zum Garnieren (z.B. Petersilie)

Zubereitung:

1. Das Gemüse schälen und in Stücke schneiden. Die Zwiebel und den Knoblauch schälen und fein hacken.

2. Das Olivenöl in einem großen Topf erhitzen und die Zwiebel und den Knoblauch darin anbraten, bis sie weich sind.

3. Das restliche Gemüse hinzufügen und kurz mitbraten.

4. Die Gemüsebrühe hinzufügen und alles zum Kochen bringen. Die Hitze reduzieren und etwa 20 Minuten köcheln lassen, bis das Gemüse weich ist.

5. Die Suppe pürieren, bis eine glatte Konsistenz erreicht ist. Mit Salz und Pfeffer abschmecken.

6. Mit frischen Kräutern garnieren und servieren.

Nährwerte pro Portion:- Kalorien: 100 Fett: 3g- Kohlenhydrate: 18g- Eiweiß: 3g- Ballaststoffe: 4g

Sanfte vegane Optionen

Sanfter Linsen-Eintopf

Portionen: 4

Zutaten:

- 1 Tasse grüne oder braune Linsen
- 1 Zwiebel
- 2 Knoblauchzehen
- 2 Karotten
- 2 Stangen Sellerie
- 1 Dose stückige Tomaten (400 g)
- 4 Tassen Gemüsebrühe
- 2 EL Olivenöl
- 1 TL Kreuzkümmel
- 1 TL Paprikapulver
- Salz und Pfeffer nach Geschmack

Zubereitung:

1. Die Linsen nach Packungsanweisung in Wasser kochen, bis sie weich sind. Abgießen und beiseite stellen.

2. Die Zwiebel, Knoblauch, Karotten und Sellerie schälen und klein schneiden.

3. Das Olivenöl in einem großen Topf erhitzen und die Zwiebel und den Knoblauch darin anbraten, bis sie weich sind.

4. Die Karotten und den Sellerie hinzufügen und etwa 5 Minuten mitbraten.

5. Die gekochten Linsen, die stückigen Tomaten und die Gemüsebrühe hinzufügen.

6. Kreuzkümmel und Paprikapulver einrühren und alles zum Kochen bringen.

7. Die Hitze reduzieren und etwa 15 Minuten köcheln lassen, bis die Sauce leicht eindickt. Mit Salz und Pfeffer abschmecken.

8. Den Eintopf pürieren, bis eine glatte Konsistenz erreicht ist.

Nährwerte pro Portion:

- Kalorien: 250

- Fett: 8g

- Kohlenhydrate: 35g

- Eiweiß: 10g

- Ballaststoffe: 12g

Pürierte vegetarische Diät

Weiche nussfreie Rezepte

Weiche Süßkartoffel-Püree

Portionen: 4

Zutaten:**

- 2 große Süßkartoffeln

- 1/2 Tasse pflanzliche Milch (z.B. Reismilch)

- 2 EL Olivenöl

- 1/2 TL Zimt

- Salz und Pfeffer nach Geschmack

Zubereitung:

1. Die Süßkartoffeln schälen und in Würfel schneiden. In einem großen Topf mit Salzwasser etwa 15-20 Minuten kochen, bis sie weich sind.

2. Die gekochten Süßkartoffeln abgießen und mit der pflanzlichen Milch und dem Olivenöl zu einem glatten Püree verarbeiten.

3. Mit Zimt, Salz und Pfeffer abschmecken.

4. Warm servieren.

****Nährwerte pro Portion:****- Kalorien: 150- Fett: 7g- Kohlenhydrate: 25g- Eiweiß: 2g- Ballaststoffe: 4g

Cremige paleo-freundliche Speisen

Cremige Blumenkohl-Suppe

Portionen: 4

Zutaten:**

- 1 großer Blumenkohlkopf
- 1 Zwiebel
- 2 Knoblauchzehen
- 4 Tassen Hühner- oder Gemüsebrühe
- 1 Dose Kokosmilch (400 ml)
- 2 EL Olivenöl
- Salz und Pfeffer nach Geschmack
- Frische Kräuter zum Garnieren (z.B. Petersilie)

Zubereitung:

1. Den Blumenkohl in Röschen teilen. Die Zwiebel und den Knoblauch schälen und fein hacken.
2. Das Olivenöl in einem großen Topf erhitzen und die Zwiebel und den Knoblauch darin anbraten, bis sie weich sind.
3. Den Blumenkohl hinzufügen und kurz mitbraten.
4. Die Brühe und die Kokosmilch hinzufügen und alles zum Kochen bringen. Die Hitze reduzieren und etwa 20 Minuten köcheln lassen, bis der Blumenkohl weich ist.
5. Die Suppe pürieren, bis eine glatte Konsistenz erreicht ist. Mit Salz und Pfeffer abschmecken.

6. Mit frischen Kräutern garnieren und servieren.

Nährwerte pro Portion:

- Kalorien: 250

- Fett: 18g

- Kohlenhydrate: 18g

- Eiweiß: 5g

- Ballaststoffe: 5g

Zusätzliche Ressourcen

Zutatenlexikon

Süßkartoffel:

Eine stärkehaltige Wurzelknolle, reich an Vitamin A und C sowie Ballaststoffen. Sie hat einen süßen Geschmack und eine weiche, cremige Textur nach dem Kochen oder Backen.

Kokosmilch:

Eine pflanzliche Milchalternative, die aus dem Fleisch der Kokosnuss gewonnen wird. Sie ist reich an gesunden Fetten und verleiht Gerichten eine cremige Konsistenz und einen milden Kokosgeschmack.

Linsen:

Hülsenfrüchte, die in verschiedenen Farben erhältlich sind (grün, braun, rot). Sie sind eine ausgezeichnete Quelle für pflanzliches Eiweiß, Ballaststoffe und Mineralien wie Eisen und Folat.

Polenta:

Ein traditionelles italienisches Gericht aus Maisgrieß, das gekocht und oft in einer cremigen oder festen Konsistenz serviert wird. Polenta ist glutenfrei und vielseitig einsetzbar.

Quinoa:

Ein nährstoffreiches Pseudogetreide, das glutenfrei ist und reich an Proteinen, Ballaststoffen, Vitaminen und Mineralien wie Magnesium und Eisen.

Hilfreiche Küchenutensilien

Mixer oder Pürierstab:

Essentiell für die Zubereitung von pürierten Speisen und Smoothies. Ein leistungsstarker Mixer kann selbst harte Zutaten zu einer glatten Konsistenz verarbeiten.

Dampfgarer:

Ideal zum schonenden Garen von Gemüse, Fisch und Fleisch, wodurch Nährstoffe besser erhalten bleiben.

Küchenwaage:

Wichtig für das genaue Abmessen von Zutaten, insbesondere beim Backen oder bei der Zubereitung von Rezepten mit spezifischen Ernährungsanforderungen.

Messbecher und Messlöffel:

Unerlässlich für präzise Messungen von flüssigen und trockenen Zutaten.

Sieb:

Nützlich zum Abtropfen von gekochten Linsen, Nudeln oder gewaschenem Gemüse und Obst.

Schneidebrett und scharfe Messer:

Grundlegende Werkzeuge für das sichere und effiziente Schneiden und Vorbereiten von Zutaten.

Nützliche Adressen und Websites

Ernährungsberatung:

- Deutsche Gesellschaft für Ernährung (DGE): [dge.de](https://www.dge.de)

- Ernährungsmedizinische Beratung in Deutschland: [ernaehrungsmed.de](https://www.ernaehrungsmed.de)

Rezept-Websites:

- Chefkoch: [chefkoch.de](https://www.chefkoch.de)

- Lecker: [lecker.de](https://www.lecker.de)

- EatSmarter: [eatsmarter.de](https://www.eatsmarter.de)

Kochgeräte und Küchenzubehör:

- WMF: [wmf.com](https://www.wmf.com)

- KitchenAid: [kitchenaid.de](https://www.kitchenaid.de)

- Tefal: [tefal.de](https://www.tefal.de)

Gesundheits- und Ernährungsinformationen:

- Bundeszentrum für Ernährung: [bzfe.de](https://www.bzfe.de)

- Verbraucherzentrale:
[verbraucherzentrale.de](https://www.verbraucherzentrale.de)

Schlusswort

Liebe Leserinnen und Leser,

es war mir eine Freude, dieses Buch mit Ihnen zu teilen und Sie auf Ihrer kulinarischen Reise zu begleiten. Die Erstellung dieser Sammlung von Rezepten für Menschen mit Schluckstörungen war eine Herzensangelegenheit, die mit dem Wunsch verbunden ist, jedem Zugang zu nahrhaften und schmackhaften Mahlzeiten zu ermöglichen, unabhängig von individuellen gesundheitlichen Herausforderungen.

Essen ist mehr als nur die Aufnahme von Nährstoffen; es ist ein Ausdruck von Kultur, Liebe und Gemeinschaft. Durch die Anpassung traditioneller Rezepte und die Schaffung neuer, speziell abgestimmter Gerichte hoffe ich, Ihnen und Ihren Lieben die Freude am Essen zurückzubringen. Jeder Bissen soll nicht nur den Körper nähren, sondern auch das Herz erfreuen.

Die Vielfalt der Rezepte in diesem Buch spiegelt die Vielfalt der Menschen und Geschmäcker wider. Ob cremige Suppen, pürierte Desserts oder proteinreiche Snacks – jedes Rezept wurde sorgfältig entwickelt, um sowohl den Nährstoffbedarf als auch den Genuss zu berücksichtigen. Ich hoffe, dass Sie beim Ausprobieren dieser Gerichte ebenso viel Freude haben werden, wie ich sie beim Kreieren hatte.

Ein herzliches Dankeschön an alle, die diese Reise ermöglicht haben: meine Familie, Freunde, Kollegen und natürlich Sie, die Leser. Ihre Unterstützung und Ihr Vertrauen bedeuten mir sehr viel. Ich hoffe, dass dieses Buch Ihnen als wertvolle Ressource dient und Sie dazu inspiriert, neue kulinarische Abenteuer zu wagen.

Zum Abschluss möchte ich Sie ermutigen, weiterhin kreativ in der Küche zu sein, neue Rezepte auszuprobieren und Ihre eigenen Anpassungen vorzunehmen. Kochen ist eine Kunst, und jeder von uns hat das Potenzial, wunderbare und gesunde Gerichte zu kreieren.

Vielen Dank und guten Appetit!

Mit den besten Wünschen,

Ihr Rafia

Impressum

2024

1. Auflage

E-Mail: rafiasalam82@gmail.com

Dieses Buch wurde in Übereinstimmung mit den GPSR-Richtlinien der EU zur Sicherheit von Produkten erstellt.

Die Verordnung über die allgemeine Produktsicherheit ist der aktualisierte Rahmen der Europäischen Union, um sicherzustellen, dass alle Verbraucherprodukte, einschließlich Bücher, für Verbraucher sicher sind.

Dieses Buch wurde von Libri Plureos GmbH gedruckt. Der Drucker hat Sicherheitszertifikate für die verwendeten Materialien wie Tinte, Papier und Kleber ausgestellt.

Die Produktkennung ist: 9789403755915

Der Autor ist für den Inhalt des Buches verantwortlich und hat das Buch von Bookmundo produzieren lassen.

Sollten Sie Fragen zur Sicherheit des Produkts haben, kontaktieren Sie uns bitte.

Bookmundo
Delftsestraat 33
3013AE Rotterdam
Die Niederlande
info@bookmundo.com